肩水金關漢簡（肆）

下册

甘肅簡牘博物館
甘肅省文物考古研究所
甘肅省博物館
中國文化遺産研究院古文獻研究室
中國社會科學院簡帛研究中心
編

中西書局

下冊　釋　文

目　錄

肩水金關 T33：1—91

☐願聞其曉　☐　73EJT33：1

☐……城官書到出入　73EJT33：2

☐入賦居延　☐　73EJT33：3

觻得一詣靡谷候官四月癸卯
☐鹿候官　卒朋夜食時□☐　73EJT33：4
闌

☐□□□□□□□□□
如律令／守令史光　73EJT33：5

☐　皆十月壬申出　字次君　73EJT33：6

☐
□子夏鎌也今子夏欲　☐　73EJT33：7A
意〃叩頭幸甚

☐
近衣進酒食出
幼都奉書伏地再☐　73EJT33：7B

☐□□世至正月丁未日餔時行候事關嗇夫博候長龍□☐（削衣）　73EJT33：8

九月餘錢六十五其五十
九月餘錢百九十九其八十☐　73EJT33：9

☐旦帶到橐他還歸之謹使〃再拜受☐　73EJT33：10

辛巳宿第三
☐□發臾　壬午宿會水　☐　73EJT33：11
癸未宿府

☒□史季當□□□□□□
　□受高子卿足下　　73EJT33: 12A

☒……　　子游卿
　□□二年磨日□□　　73EJT33: 12B

☒□甲候印一詣□
　□延井候印旦□☒　　73EJT33: 13

☒月丙申雞前鳴二分騂北卒世受□☒　　73EJT33: 14

□卒瓜錢百　　☒（竹簡）　　73EJT33: 15

張掖橐他印　　☒　　73EJT33: 16A

書到願嗇夫出入毋☒　　73EJT33: 16B

☒□□□　　十月庚戌入　　73EJT33: 17

☒　　粟橐他……昌☒　　73EJT33: 18

十六　　□□　　雞鳴　　雞鳴　　雞後鳴　　雞後鳴　　雞□☒　　73EJT33: 19

☒□購錢大守□
　令　　☒　　73EJT33: 20

肩☒　　73EJT33: 21

東□☒　　73EJT33: 22A

□☒　　73EJT33: 22B

一編謁上候官敢言之☒　　73EJT33: 23

四斗射日　　凡直三□□☒　　73EJT33: 24

三月己巳騂北亭長敞☒（削衣）　　73EJT33: 25

☒入金關所治日□☒（削衣）　73EJT33：26

☒縣爵里年姓各如牒☒（削衣）　73EJT33：27

勞臨事久不望見叩〻頭〻寒時願子文
☒毋行邑〻關主出入人將嚴急耳目長願留〻意☒（削衣）　73EJT33：28
……

☒敬君錢七百五
言　☒（削衣）　73EJT33：29

☒遣從者侯嘉☒（削衣）　73EJT33：30

河南安國里公乘丁□□□
□□□□□　☒（削衣）　73EJT33：31

☒賤茀還叩頭☒（削衣）　73EJT33：32

☒　□
□十一月辛未出　73EJT33：33

八月乙酉居延丞江移過☒　73EJT33：34

☒□□□
當井隧長☒（削衣）　73EJT33：35

☒□足下日見□☒（削衣）　73EJT33：36

☒□□得毋□□□□
來記令譚得往即毋急☒（削衣）　73EJT33：37

一石一鈞十三斤
☒斤積縣廥中　☒　73EJT33：38
斤永光三年所伐

朔戊午西鄉嗇夫彊敢言之利上里男子譚多自言欲爲家私市張掖酒泉郡中願以令取傳謹案戶籍臧官者多爵
☑毋官獄徵當得以令取傳謁移過所河津關毋苛留止如律令敢言之
居延令登丞未央移過所如律令　／掾赦之守令史定佐殷　73EJT33: 39

永光二年五月辛卯朔己未都鄉嗇夫禹敢言之始樂里女子惠青辟自言爲家私使之居延與
小奴同葆同縣里公乘徐毋方偕謹案青辟毋方更賦給毋官獄事當得取傳敢言之
五月己未删丹長賀守丞禁移過所寫移毋苛留止如律令／兼掾嘉令史廣漢　73EJT33: 40A

删丹長印　73EJT33: 40B

黃龍元年六月辛未朔壬辰南鄉佐樂敢言之楊里
公乘泠□年廿歲小未傅爲家私市居延乏彭祖
告移過所縣道毋苛留／六月壬辰雒陽守丞殷移過所毋苛留如律令／掾良令史陽　73EJT33: 41A

……　73EJT33: 41B

·肩水候官初元四年吏卒一歲用食　度簿　☑　73EJT33: 42

■右第卅五車廿人　☑　73EJT33: 43

九月壬辰居延令賢丞未央移過所如律令／掾忠令史昌☑　73EJT33: 44A + 47A

居令延印　☑　73EJT33: 44B + 47B

☑印詣居延都尉府建始元年十二月丙辰☑　73EJT33: 45

◓建昭四年五月　73EJT33: 46

☑□有府籍牛封頭居延左尉印　73EJT33: 48

☑癸酉朔　73EJT33: 49

己丑赦令前……☑　73EJT33: 50

·肩水候官建昭三年吏卒被兵簿☑　73EJT33: 51 + 55

戍卒河東北屈陰平里公乘梁□□▨　73EJT33:52

騂北亭卒李未央母穉婦▨　73EJT33:53A

小庸　▨　73EJT33:53B

甘露三年三月甲申朔丁亥張掖　▨
家輸橐他廣地候官書到　73EJT33:54A

肩水千人印
三月戊子就家李幼君以來　▨　73EJT33:54B

望松隧卒趙山自言貰賣官布▨　73EJT33:56A

青　▨　73EJT33:56B

所掫日爲病書　73EJT33:57

初元三年六月甲申朔甲午南鄉守嗇夫義佐光敢言之▨　73EJT33:58

宛陬里張定年五十字方　車一兩黑犗牛齒十歲▨　73EJT33:59A

……▨　73EJT33:59B

▨□淳于光年十七　▨　73EJT33:60

濟陰郡定陶傳里仁帶年十九歲　牛一▨　73EJT33:61

▨□去君孟請張君至
□復度索□□□之　73EJT33:62

居延守令史公乘汜臨年▨　73EJT33:63

▨□二年四月□□□
□將卒六十人□　▨　73EJT33:64

伏地再拜子紺足下善毋恙歲意□
歲意不得小居食飲不主　▨　73EJT33:65A

離署部東候長肯不□主賤
飲食不能主賤意常悲奈　☑　73EJT33: 65B

雲詣官驗問對曰雲爲鄉佐輔爲隧長不便官☑　73EJT33: 66

☑□字俠　☑　73EJT33: 67A

☑初元四年十一月□☑　73EJT33: 67B

☑亭長圖付沙頭亭長賀　☑　73EJT33: 68

六月辛卯食坐五分詬表□☑　73EJT33: 69

候長楊卿治所　73EJT33: 70

肩水金關　73EJT33: 71A

博博伏伏伏地大夫夫奉奉奉奉奉（習字）
博□　73EJT33: 71B

察敢言之　73EJT33: 72

肩水金關　73EJT33: 73

肩水候官以郵行☑　73EJT33: 74

金關伏地伏地伏地☑（習字）　73EJT33: 75A

癸卯卯卯卯☑（習字）　73EJT33: 75B

定陶□亭長第里公乘靳舍年卌四長七尺四寸黑色尉史恭入　73EJT33: 76

☑
毋官徵事當爲傳移所過縣邑毋何留敢言之
□□睢陽丞忠移所過縣邑毋何留如律令掾上葆令史建乘馬一匹　73EJT33: 77

□□□前居迫前未進及前酒進泉伏羌諸初迫言伏之倉嗇夫乎（習字）　73EJT33: 78A

……尉前迫尉前尉死湯叩頭言有　73EJT33: 78B

出南書三封　一封詣昭武
一封詣張掖庫　十月乙酉蚤食卒世受莫當卒世
一封詣倉石候　莫食付沙頭卒　73EJT33: 79A
其三封薛褒印

□□□□　一封□□馬趙君糸　十月乙丑日入莫
付官　73EJT33: 79B

……年三月己亥朔丙子北鄉有秩福敢告尉□□□□
……毋官獄徵事當取傳……　☑　73EJT33: 80A

□丞印☑　73EJT33: 80B

十五　夜大半　夜過半　夜過半　雞前鳴　雞中鳴☑　73EJT33: 81

卅步　得六　自如　負七　☑　73EJT33: 82

戍卒河東蒲子陽阿里公乘郭得時年卌　字文　☑　73EJT33: 83

戍卒河東蒲子上函里公乘謝詡年廿五　73EJT33: 84

淮陽〓夏中善里姚賞年廿七　三月庚午出　糴簿　73EJT33: 85

延年里王壽年卅七軺車一乘馬一匹　73EJT33: 86

河南偃師都里公乘畢彊年卅一　字次君車一乘騧牡馬一匹齒十二歲高六尺二　73EJT33: 87

負鮑魚十斤　見五十頭橐敗　少三斤給過客　73EJT33: 88

部界中不得慎毋忽如律令／令史少□　73EJT33: 89

大婢倩年十八　73EJT33: 90

南陽郡西鄂城南里公乘吳志年廿八長七尺二寸黑色　字子平　丿　73EJT33: 91

肩水金關 T34: 1—50

甘露二年二月庚申朔庚午居延令弘移□
縣界中今欲去書到案名籍　　出毋　▨　73EJT34: 1A

曹子元　　凡八人二月乙亥入
段中宗
崔子玉　　居延令印　　▨　73EJT34: 1B
夫人一
從者三人
奴一人　　二月乙亥曹子元以來

十一月甲□肩水候福敢言之謹　▨
謁報敢言之　　73EJT34: 2

九月戊子張掖肩水都尉弘
□□籍死診爰書會□　▨　73EJT34: 3A

水　　□都尉章
九月己丑騂北　以來　▨　73EJT34: 3B

▨申朔丁丑肩水候福移城尉▨　73EJT34: 4A

▨　嗇夫去疾尉史光　▨　73EJT34: 4B

馬二匹　其一匹騧牡齒十四歲高六尺二寸
一匹驪駮牡齒□□高五尺八寸　73EJT34: 5

五鳳三年十二月癸卯朔庚申守令史安世敢言之復作大男彭千秋故陳留郡陳留高里坐傷人論會神爵四年三月丙辰赦
令復作縣官一歲十月十日作日備免爲庶人道自致謁移陳留過所縣道河津函谷關毋苛留止如律令敢言之
十二月庚申居延令弘守丞安世移過所縣道河津函谷關毋苛留止如律令掾守令史安世
73EJT34: 6A

章曰居令延印　73EJT34: 6B

代郡代乘里公乘趙得年卌九長七尺五寸・　軺車□☐　73EJT34: 7

居延佐廣都里公乘泠雲年卅　☐　73EJT34: 8

☐初元二年大大伏九月月☐　73EJT34: 9 + 29

二直四千三百肩☐　73EJT34: 10

以傳出者得人馬牛食穀毋過廿斗及田關外以符出者得以頃畝出☐　73EJT34: 11

☐付觻得守令史俠憙食傳馬爲刺史柱　73EJT34: 12

☐長七尺二寸黑色　☐　73EJT34: 13

☐……☐　73EJT34: 14

肩水候官　73EJT34: 15

戍卒河東蒲子好宜里公乘藥憙年廿四　☐　73EJT34: 16

☐　二月庚寅食時九分騂北亭卒世付禁隧長禹　73EJT34: 17

☐□年廿八　長七尺四寸黑色　☐　73EJT34: 18

☐以稾彊漢隧長☐　73EJT34: 19

出穈一石八斗三升丿☐　73EJT34: 20

☐豪期二月朝旴而豪期二月其吉凶皆至　73EJT34: 21

出穈二石　食□☐　73EJT34: 22A

……☑　　73EJT34: 22B

☑　食馹望隧長□☑　　73EJT34: 23

☑衣不堵以此知而劾□☑　　73EJT34: 24

☑□治所☑　　73EJT34: 25

☑□食　　73EJT34: 26A

☑……　　73EJT34: 26B

敢言之　／啬夫去□☑　　73EJT34: 27

☑名蘭越騂北亭　塞☑　　73EJT34: 28

☑候官黃龍元年二月吏卒簿　☑　　73EJT34: 30

□史陽廿五石　孫子功三石　簿米五十石
☑□□十二石五斗　焦□□□　☑　　73EJT34: 31A + 35A
□□卿二石　□□

□□□十五
☑　□□□常□　承承☑　　73EJT34: 31B + 35B
□　……

☑
五十□
□五十☑　　73EJT34: 32

☑□年廿三長七尺五寸黑色　十二月庚寅入　十一月丁☑　　73EJT34: 33

☑□移簿行邊兵丞相史　　73EJT34: 34A

☑□卒史通書佐護　　73EJT34: 34B

☑劍一楯一　十月己丑入　六月癸卯出　　73EJT34: 36

☒黑色　☒　73EJT34：37

建昭五年五☒（削衣）　73EJT34：38

☒啬夫賀☒（削衣）　73EJT34：39

☒□書曰戍卒濟陰成武高里黄
……凡直千□□　（削衣）　73EJT34：40

☒掾奉光屬遷（削衣）　73EJT34：41

☒……劍一　73EJT34：42

建昭五年五月甲戌朔戊戌屋闌長尊守
廣成里□□□□□□　☒　73EJT34：43

☒……道津關當☒（削衣）　73EJT34：44

☒□書伏地再☒（削衣）　73EJT34：45

練六尺丿　□□
皁一尺丿　十　☒　73EJT34：46

入詔表一通　十一月甲午日蚤食三分……　73EJT34：47

☒□九月奉　九月甲戌禽寇隧長武彊取　73EJT34：48

☒□□□□足再拜☒（習字）　73EJT34：49

☒……年十一　黑色　□□十月□□入　73EJT34：50

肩水金關 T35：1—16

肩水金關　73EJT35：1

元始三年十二月吏民
出入關傳副券　73EJT35：2

☐水都尉政丞謂過所遣泉亭長
者如律令／掾豐守令史登　73EJT35：3

觻得安邑里公乘張裦年卅七字子嚴　乘方箱車駕騩牡馬齒八歲　三月丙戌南兼亭長欽入　73EJT35：4

河南卷長里大夫張傴年廿五丈七尺二寸黑色　刀一　十月壬……　73EJT35：5

牛直四千將前負倉官錢今皆折馮奉□貧急毋它財物願請　73EJT35：6

☐□敢言之
移過所如律令　掾晏守令史漢☐　73EJT35：7

始建國元年八月庚子朔甲辰居延守令城騎千人　丞良□卅井☐　73EJT35：8

☐縣索肩水金關遣亭長程望　73EJT35：9A

☐……令史就　73EJT35：9B

☐車牛二兩　十二月丁酉出　73EJT35：10

河南郡雒陽東鞏里朱多牛☐　73EJT35：11

大奴宜……　廿☐　73EJT35：12

☐雒陽守丞脩移過　73EJT35：13

☐□兵簿　☐　73EJT35：14

承弦一

☑枲長弦☑　　　　73EJT35:15

稾矢□

☑大一王·大吉小吉☑（削衣）　　　　73EJT35:16

肩水金關 T37: 1—1590

⧄之謹移罷田卒名籍一編敢言之　73EJT37: 1

肩水候官令史趙彭　☐⧄　73EJT37: 2

⧄歲高五尺七寸　十二月戊寅北嗇夫豐出　73EJT37: 3A

⧄　☐☐　73EJT37: 3B

毋官獄徵事謁☐書嬰齊等
復傳入如律令敢言之　⧄　73EJT37: 4

⧄移過所縣道河津關遣令史孫仁☐　73EJT37: 5

⧄轢得成漢里吳捐之等十六人　73EJT37: 6

⧄　☐護移過所縣道津關遣丞高憙將轉肩水
／掾明佐並　73EJT37: 7

⧄地守尉崇寫移⧄　73EJT37: 8

⧄如律令　73EJT37: 9

☐寇隧卒謝賢　四石弩　⧄　73EJT37: 10

⧄令／掾成令史信　73EJT37: 11

⧄　牛車一兩　丿　73EJT37: 12

■右十月傳　⧄　73EJT37: 13A

■右十月傳　丿⧄　73EJT37: 13B

田卒河南郡密邑西游☐☐年廿七　⧄　73EJT37: 14

先就隧卒龐毋害　☑　73EJT37: 15

☑食虜下隧卒趙建十二月五日勮食　73EJT37: 16

☑居延廣地里大夫白長壽年十二長五尺二寸黑色軺車一乘馬一匹☑　73EJT37: 17+384

☑　言之
移過所如律令　／掾承□　☑　73EJT37: 18

大奴宗年卌八　、　長七尺五寸黑　☑　73EJT37: 19

軺車一乘二月乙卯出
☑□樂里左褒年十七　馬一匹騮牡齒七歲高五尺一寸　73EJT37: 20

☑錢如牒書到出內如律令　73EJT37: 21

建平三年二月壬子朔己卯中鄉嗇夫定守斗食佐受佐宣敢言之長安□□里男子□　73EJT37: 22

☑□肩水金關遣吏
令　九月辛丑南佐音入　73EJT37: 23A

☑／守令史宏　73EJT37: 23B

白錢卿今旦亭西☑　73EJT37: 24A

囊絮累奈何☑　73EJT37: 24B

□田同城寇軍望宛里公乘蔡放年卅三拊　九月☑　73EJT37: 25

……移縣索金
☑千人兼祿福長守丞沙頭尉章移居　73EJT37: 26
□守令史房

☑守長守尉獲行丞事移肩水金關卅井　73EJT37: 27

官從者居延西昌里……
誼從者居延利上里公大夫王外人年　☑　73EJT37: 28A
元康三年九月辛卯朔壬子□□敢言之

印曰居延丞印　☑　73EJT37: 28B

☑以小官印行候事謂關吏遣卒徐宣
如律令　73EJT37: 29

☑金關居延縣索關出入毋苛留敢言之
律令　／掾陽令史竟　73EJT37: 30

☑　忠忠忠　☑　73EJT37: 31

居延令史薛宣　葆居延當遂里男子張武
軺車一乘馬一匹　十月☑　73EJT37: 32

☑居延卅井鄣候遣屬王宣案驗
兼掾賞屬蒲書佐政　73EJT37: 33

居延游徼左雲　馬一匹騅牝齒☑　73EJT37: 34

☑都尉君司馬莊行丞事以詔書增宏勞十二月廿四日　73EJT37: 35

☑　軺車一乘
用馬一匹騅牝齒七歲高三尺八寸　73EJT37: 36

……
☑七音　子小男兼年十一歲
……　牛車一兩丿　73EJT37: 37

永始四年九月辛丑朔戊辰都鄉嗇夫恭敢言之三泉里男子□咸自言爲騎士從史何歆葆□□
……　73EJT37: 38

張掖封溓塞尉　□☑
二月辛未以來　73EJT37: 39A

……已□
□里年姓如牒書到出入☑　73EJT37: 39B

☒□□□□大男張齊　丿　73EJT37:40

……

長王豐行書校郵書橐他界中……　☒　73EJT37:41

☒　車一兩
用牛二頭　73EJT37:42

雒臨市里張年五十二　☒　73EJT37:43

☒詣府　73EJT37:44

北界隧卒李初　☒　73EJT37:45

肩水候官　73EJT37:46

肩水候官　73EJT37:47A

建始三年六月　73EJT37:47B

肩水候官（檢）　73EJT37:48

五鳳二年十一月己卯朔丁亥廣地候☒（觚）　73EJT37:49A

賫十一月穀簿之府校檄到毋留止☒（觚）　73EJT37:49B

☒第豐年廿八　丿　八月乙亥北出　73EJT37:50

揟次安昌里簪褭王租年十八　三月辛☒　73EJT37:51

☒寅觻得都鄉嗇夫褒敢言之氐池常利里男子程放自言爲家私使
放桃田檢有程放年爵如牒毋官獄徵事當得取傳謁移肩水　73EJT37:52

從者玉門臨泉里程不識年卅五　軺車三乘
用馬六匹　閏月辛卯北出　73EJT37:53

君數哀憐全命不忍　☒　73EJT37:54

☑言之東脩禮里田忠自言田鱳得介在亭西二舍北□□□
□律令　／掾竟令史豐　73EJT37:55

☑□補肩水中部候史以主領吏卒徼迹備盜賊　73EJT37:56

☑□虜隧長王豐以大刀刃擊傷中部守候長朱餘右肩　73EJT37:57

☑六十二　長七尺二寸黑色　車一兩牛二頭七月乙亥入　丿　73EJT37:58

元延四年十一月丁丑朔乙未西鄉嗇夫竟佐政敢言之利貴里男子賈□
之張掖居延願以律取傳謹案□年姓如牒毋官獄徵事當得取☑　73EJT37:59

☑　軺車一乘馬一匹　字子師　皆十二月己酉入　73EJT37:60

☑□□□謁移卅井縣索肩水金關寫移書到出入
兼掾豐守令史宣佐恭　73EJT37:61A

☑□　即日嗇夫豐發
……　73EJT37:61B

勝之隧卒郭禹　·☑　73EJT37:62

☑□解爵　☑　73EJT37:63

河南郡緱氏縣東昌里大夫杜葆年卅五　以九月出☑　73EJT37:64

☑七尺二寸黑色　五月丁亥出　73EJT37:65

☑里公乘董資年卅六　長七尺二寸　丿　73EJT37:66

四月戊戌會水丞並移肩水金關居延縣索關寫移如律令／掾□☑　73EJT37:67

……

□十……所入……嚴武……及先置付莫當孫□從者欽　73EJT37:68

☑年廿五　葆西鄉成漢里公乘張望年卅　車三兩
葆同縣敬老里公乘侯歆年五十　牛□頭　73EJT37:69

觻得關亭里公乘未央年□長七尺三寸黑色……
十月壬□入　73EJT37:70A

元康三年八月辛酉朔□□□□□□□□□□□□
十六　73EJT37:70B

☑□□□唐□年十二黑色長五尺　丿　73EJT37:71

☑□□謹案□等皆毋官獄徵事當得取傳　73EJT37:72

……如律令　……　73EJT37:73A

居延令印　嗇夫錢白　73EJT37:73B

縣丞□□□如牒書到出入盡五月□□□止如律令　73EJT37:74

謹□東部候長　南部候長等□白言曰從正月以來　73EJT37:75

田卒濟郡定陶虞里大夫戴充年卅七　長七尺二寸黑色　有罪　丿　73EJT37:76

河南郡河南平樂公乘史凷年五十七歲　73EJT37:77

河南郡滎陽西都里公乘陰讓年十六長七尺二寸黑　以九月出　73EJT37:78

觻得平利里公乘趙婢年卅六長七尺四寸黑色　車一兩　十　弓一矢卅　十二月戊寅出　73EJT37:79

居延都尉卒史朱賢年五十三　軺車一乘用馬二匹　一匹□□高五尺齒八歲　一匹驪牡齒十歲高五尺七寸　二月丙戌北出　73EJT37:80

槖佗却適隧長孟冣妻忿年五十八歲黑色　男孫武　牛車一兩　十二月壬午出　十二月　丿　73EJT37:81

廣漢隧長張霸　送佐胡敞候史蘇章詣府　五月八日入　73EJT37:82

平樂隧長毛武　葆子男觻得敬老里公乘毛良年廿三丿　出入　三月癸丑北出　三月癸酉南入　73EJT37:83

毋狀罪當死當坐叩頭死罪死罪　73EJT37:84

署肩水候官驛十月中到肩水候官至十二月中從令史橋悟妻細君　73EJT37:85

孟君恩澤甚深厚叩頭死〃罪〃敢言之　73EJT37:86

水深一尺以上至二尺不可芀葦方日夜　☑　73EJT37:87

符如牒書到出入如律令　73EJT37:88A

張掖廣地候印　……　73EJT37:88B

九月丁未居延庫守丞長移過所如律令

掾音　73EJT37:89

道津關如律令／佐順　73EJT37:90A

章曰平淮左丞　73EJT37:90B

收責居延毋苛留止如律令　73EJT37:91A

□□□□□　73EJT37:91B

女子張齋年五十☑　73EJT37:92

北部候長興　吏八人　主牛　73EJT37:93

□□□□臨利里□□　正月壬寅入　73EJT37:94

完城旦徒樂官　丿　九月辛酉北出　73EJT37:95

甘露元年十一月壬辰朔戊午廣地士吏護兼行塞尉事

敢言之謹移家屬出入金關名籍一編敢言之　73EJT37:96

建平三年六月壬寅　六月丁未北嗇夫□□出　張掖大守業右部司馬章行長史

張掖大守遣守屬趙誼驚戒肩水居延　事丞咸謂觻得以次爲駕如律令

以令爲駕一封軺傳　／掾敞屬奉書佐凷丹　73EJT37:97

萬福隧　負一分半分　⧄　73EJT37:98

戍卒趙國柏人廣樂里公乘耿迎年卌五　⧄　73EJT37:99

⧄□食張君所因宿　出十五茭十束　廿五日己卯發宿貧民渠口　73EJT37:100

昭武長壽里□□年廿黑色　⧄　73EJT37:101

氏池千秋里大女樂止年十一⧄　73EJT37:102

槖他令史觻得持心里公乘呂鳳年廿七⧄　73EJT37:103

第男則年廿六　⧄　73EJT37:104

都內長孰漢成里大夫吳輔年⧄　73EJT37:105

⧄□普年卅七　爲家私市居延⧄　73EJT37:106

平陵宜利里公乘韓則年卅五　⧄　73EJT37:107

⧄長七尺二寸黑色牛車一兩⧄　73EJT37:108

⧄職事毋狀罪當⧄　73EJT37:109

⧄觻得萬金里簪王殷年卅長七尺⧄　73EJT37:110

⧄里石褒　馬一匹　⧄　73EJT37:111

⧄爵三年九月戊戌朔辛酉佐忠敢言⧄
……　73EJT37:112

⧄　盡五月二月止　73EJT37:113

·右第三十人　⧄　73EJT37:114

西部候長元　吏三人　主□⧄　73EJT37:115

⧄□西里公乘李忠年卌七　⧄　73EJT37:116

臨澤隧卒陳後　☑　73EJT37:117

戍卒昭武對市里簪褭賈音年廿　☑　73EJT37:118

☑□□死過得令至今□☑　73EJT37:119

出錢八百七十　丿以給庫嗇夫馬始昌☑　73EJT37:120

☑嘉守令史放　73EJT37:121

☑□卒賈黨買白布　73EJT37:122

☑　方相車一乘　□□□　73EJT37:123

☑不相見成不知亡卒☑　73EJT37:124

☑□樂年卅三　☑　73EJT37:125

淮陽國戍卒苦會里官□☑　73EJT37:126

☑　用牛一頭　～　73EJT37:127

☑歲長七尺二寸　丿　73EJT37:128

都倉置佐程譚　葆屋蘭大昌里趙勤年卌八　十二月癸亥北嗇夫豐出已入　73EJT37:129

☑丿　丿　給送寇隧長任尚正十五日盡二月奉　73EJT37:130

☑　五月戊寅食都倉傳馬送□部丞付置佐魯卿　73EJT37:131

將車河南緱氏薪里大夫李我年廿七長七尺二寸黑色　牛☑　73EJT37:132

☑□西道里賈良年十四　三月戊辰南嗇夫豐入　73EJT37:133

治所毋留　／關佐通　☑　73EJT37:134

橐他守尉延陵循　葆從者居延☑　73EJT37:135

☑對府　十月己酉入　☑　73EJT37:136

☒　六月乙卯出　73EJT37:137

☒　已出入　73EJT37:138

建平元年十一月丁☒　73EJT37:139

☒□長弘移過所遣假佐耐逐事酒泉張掖郡中與從者溫千秋里張杜俱乘馬一匹軺車　73EJT37:140

祿福　☒　73EJT37:141

建平四年正月家屬出入盡十二月符　□年十三　用馬二匹
常年五歲　73EJT37:142

元延三年三月丙辰朔甲子肩水守城尉計☒　73EJT37:143

☒□謁移肩水金關如律令敢言之　73EJT37:144

南書□封　其一封居延都尉章詣大司農府☒　73EJT37:145

廣地候官寫傳肩☒　73EJT37:146A

盡十月十日己未☒　73EJT37:146B

☒皆非亡人命者當得取偃檢父老尹襃證謁移居延□☒　73EJT37:147+417

綏和二年閏月丁酉朔乙丑☒　73EJT37:148

☒　馬一匹皆月四□☒　73EJT37:149

☒□行宿泭上　廿六日庚辰發宿貧民落　出四買駱
衆人共貸其餘　73EJT37:150

☒　癸未都鄉有秩佐忠敢言之廣成里男子閻憙自言爲居延就謹案憙毋官
移過所……　73EJT37:151

建平元年正月甲午朔戊戌北部候長宣敢言之謹移部吏家屬符
謁移肩水金關出入如律令敢言之　73EJT37:152

・冣居延司馬從君輩　凡五十四人　牛
軺車卄三乘　□▨　73EJT37: 153
馬卄七匹

子女……　牛車一兩……
子女姌年四　▨　73EJT37: 154
子公士隆年

▨金城里寇戎年十八　73EJT37: 155
……

地節四年正月壬午朔甲申南鄉佐建敢告尉史東榆里石壽爲▨　73EJT37: 156
……

……年爵里如書毋官獄徵事當爲取傳寫移往來百卄日謁移過所縣邑道上津關門亭毋留▨　73EJT37: 157
二月庚午陽陵令　守丞勳　移肩水金關□□□

▨□日勒女子尃真自言迺甘露四年與　73EJT37: 158

癸酉出
▨黑色　牛車一兩弩一矢五十　73EJT37: 159
十月己卯　步入

建平二年十一月甲申朔己酉守令史長敢言之平明里男子▨　73EJT37: 160A
□□□□願以令取傳與□俱謹案

居延丞印丿善恙▨　73EJT37: 160B

建平三年十一月戊申朔乙亥居延令彊□▨　73EJT37: 161A
游徼徐宣送乞鞫囚祿福獄當

居令延印□▨　73EJT37: 161B

☑明鄉嗇夫放段佐玄敢言之□
事當得取檢謁移居延□　☑　73EJT37:162

☑　即日薄關　☑　73EJT37:163A

☑……水
□出入盡十二月止☑　73EJT37:163B

建始五年三月辛朔乙巳令史譚敢言
軺車一乘謁移過所縣道河津關毋苛☑　73EJT37:164

☑……敢言之
守丞右尉尊移過所寫移書到毋何留☑　73EJT37:165

☑子小男良年三　收責橐他界中　73EJT37:166

☑積二人〃一食北　73EJT37:167

☑　肩水關嗇夫豐以小官印行　☑
令　73EJT37:168

☑／掾延年令☑　73EJT37:169A

☑居延丞印　☑　73EJT37:169B

平陵義成里朱况年卌字子舉☑　73EJT37:170

☑　四月庚辰出☑　73EJT37:171

☑□入如律令敢言之☑　73EJT37:172

☑家私使至□☑　73EJT37:173

☑　正月廿一日駿以來　☑　73EJT37:174

橐他置佐昭武便處里審長　妻大女至年卌五　牛車一兩
子小女倈年四　用牛四頭　73EJT37:175
建平二年家屬符　子小男小奴年一歲

橐他□望隧長□□　弟大男□年廿　牛二頭
建平四年正月家屬出入盡十二月符　弟婦始年廿　車一兩　73EJT37:176
子小女倩卿年三歲

建平四年正月家屬符出入盡十二月　男□年二
葆弟昭武宜春里辛昌年廿四歲　73EJT37:177

橐他□□□□昭武宜春里隆永　妻大女陽年卅　牛車一兩
子小女頃閭年一歲　用牛二頭　73EJT37:178

長叔孫婦執事坐前善毋恙頃□
☑　73EJT37:179A
……

□幸幸……☑　73EJT37:179B

元康三年橐他□　□□□　73EJT37:180

□褒叩頭白
上子賢坐前願煩幸爲治☑　73EJT37:181A

時□爲今相見不一┛二☑　73EJT37:181B

☑延〃水丞就迎鐵器大司農府移肩水金關□□□☑　73EJT37:182A

☑
……
君前　嗇夫豐　☑　73EJT37:182B

居延司馬所迫□未及坐前叩頭謹使吏奉謁　73EJT37:183＋188

居延丞從史青　☑　73EJT37:184

☑□□□□　元延四年二月甲戌除　73EJT37:185

☑年廿五　☑　73EJT37:186

☑車一兩牛二頭　□☑　73EJT37:187

□□游□……黑色年卅八長七尺二寸☑　73EJT37:189

雒陽□里錡晏年卅七　乘大車☑　73EJT37:190

☑關居延縣索出入毋苛留止敢言之　□　☑　73EJT37:191

☑大車一兩　丿　用牛一黑犗齒八　73EJT37:192

☑　牛車一兩
弩一矢五十　二月己酉出　73EJT37:193

☑　給始安隧長趙禹七月奉　☑　73EJT37:194

□□□□□叩頭白　73EJT37:195

☑　軺車一乘
馬一匹　☑　73EJT37:196

☑□令史成故自言遣所葆爲☑　73EJT37:197

☑　□□長四尺五尺　☑
二牛六頭　73EJT37:198

☑□犂金凡八枚輸居☑　73EJT37:199

☑齒五歲　六尺一寸丿　73EJT37:200

元始二年閏月丁卯肩水金關嗇夫□□□□□□☑　73EJT37:201

☑鳳四年三月乙卯槖他候□□☑　73EJT37:202

☑辛巳北出　73EJT37:203

☑朔甲辰肩水關☑　73EJT37:204

☑延庫以　73EJT37:205

☑甯中孫　73EJT37:206

居延都尉從史□〼　73EJT37:207

〼車一乘馬二匹　73EJT37:208

張掖廣地候□〼　73EJT37:209A

告歸平陵〼　73EJT37:209B

〼……追轂鼓呼言北□出〼　73EJT37:210

〼南□歸更封〼　73EJT37:211

〼□肩水金關□□　73EJT37:212

〼名縣爵里年姓如牒〼　73EJT37:213A

〼□□發　〼　73EJT37:213B

肩水金關　73EJT37:214

□□舍中兒子起居得毋〼　73EJT37:215A

叩〃頭〃謹因□□□〼　73EJT37:215B

槖他殄虜隧〼　73EJT37:216

建平二年五月丙戌朔甲寅〼　73EJT37:217

〼□□凡吏□□人　其十三 卅三　〼　73EJT37:218

〼願令史□〼　73EJT37:219

居延丞印　〼　73EJT37:220

〼六尺　十〼　73EJT37:221

〼□餔食入　〼　73EJT37:222

常制曰可孝元皇帝初元四年十一月丙午下 ☒ 73EJT37: 223

戍卒隱強廣里公乘涼臨年廿五 已出 丿☒ 73EJT37: 224

充漢葆屋蘭千秋里蘇仁年十五☒ 73EJT37: 225

居延都尉丞主簿孫誼☒ 73EJT37: 226

居延右尉張賜 ☒ 73EJT37: 227

☒月丁丑北嗇夫豐出 73EJT37: 228

☒候長廣宗等送☒ 73EJT37: 229

☒十二月壬申北候史丹出 73EJT37: 230

戍卒趙國□陵萬歲里士伍☒ 73EJT37: 231

☒山都孝里舒連 丿☒ 73EJT37: 232

☒相史當之居 73EJT37: 233

☒如律令／掾登令史光 73EJT37: 234

☒□ 十一月己丑□☒ 73EJT37: 235

出脂少半斤 ☒ 73EJT37: 236

觻得男子富昌里□☒ 73EJT37: 237

三月十日開戶☒ 73EJT37: 238

☒□他界中名縣爵 73EJT37: 239

樂哉隧卒徐萬人☒ 73EJT37: 240

田卒河南郡密邑宜年里王捐年☒ 73EJT37: 241

肩水都尉卒史賈卿 ☒ 73EJT37: 242

廣地候長蘇得妻觻得孝仁⧄　73EJT37:243

南書三封張肩塞⧄　73EJT37:244

■右十二月致　⧄　73EJT37:245A

■右十二月致　⧄　73EJT37:245B

居令延印

□□□⧄　73EJT37:246A

如律令　□□⧄　73EJT37:246B

熒陽賈里公乘⧄　73EJT37:247

⧄甲子居延城倉長⧄　73EJT37:248

⧄地界中盡十二月　73EJT37:249

戍卒趙國邯⧄　73EJT37:250

先就隧卒宋生⧄　73EJT37:251

⧄醫診治敢言之⧄　73EJT37:252

⧄□里大夫趙利親年廿三長七尺⧄　73EJT37:253

⧄北部候長毛宣　⧄　73EJT37:254

⧄尉　二封詣□⧄　73EJT37:255A

⧄　……⧄　73EJT37:255B

⧄　車二兩　二月癸巳出　73EJT37:256

⧄黨與五萬吏捕斬強□□⧄　73EJT37:257

居攝元□⧄　73EJT37:258

鴻嘉四年九月甲午朔戊申□〼　73EJT37：259

居延髡鉗徒大男王外〼　73EJT37：260

〼所葆收責橐〼　73EJT37：261

今餘蘭百六〼　73EJT37：262

廿五日庚戌〼　73EJT37：263

〼□豐寫移如〼　73EJT37：264

〼□里公乘王豐年卅八　妻君〼
弟男□　73EJT37：265

〼安世年卌九長〼　73EJT37：266

〼郡冤句義陽里大夫晉横年卅　長〼　73EJT37：267

〼□置宣其中幸甚　73EJT37：268A

〼□辤幸□買　73EJT37：268B

〼　車二兩
十一月丙辰出　73EJT37：269

〼□伯坐前敢言〼　73EJT37：270A

〼□敢言之□〼　73EJT37：270B

〼與妻子居官今得遷　73EJT37：271

五鳳四年八月己亥朔癸丑□
□如律令／佐順〼　73EJT37：272A

印曰酒泉左農〼　73EJT37：272B

元延元年六
收責橐他名縣〼　73EJT37：273

☑辛卯南入　73EJT37:274

☑元延元年八月乙未朔☑
候官當舍傳舍從者☑　73EJT37:275

元延三年九月甲寅朔
簿書與府五官掾　☑　73EJT37:276A

居延左尉　☑　73EJT37:276B

☑司馬贏員☑
令　73EJT37:277

☑毋苛留止敢言之
令/掾玄之令史定□☑　73EJT37:278

初元四年十月丙午朔己巳西鄉□
爵不更年十六歲毋官獄徵　☑
十月辛未居延令　73EJT37:279A

秦賢私印
十二月　庫佐□☑　73EJT37:279B

□里程昭年廿八
☑子小女□年三歲　小奴滿
子小女來卿年二歲　牛車一兩用牛二頭☑
弟小男音年十八　……　軺車一用馬二匹　73EJT37:280

☑界候長□司馬☑　73EJT37:281

六月乙巳角得長
到如律令　☑　73EJT37:282

☑……　十二月丁亥南候史□☑　73EJT37:283

徵事當得以律取傳謁移過所河津
留居延令丞建移過所如律令　▨　　73EJT37: 284

▨子庫丞常移過所縣道津關　▨
舍傳舍從者如律令　　73EJT37: 285

▨觻得騎士孝成里樊▨　　73EJT37: 286

▨　事當得以令□
□□以私印行事庫□　▨　　73EJT37: 287A

▨□▨　　73EJT37: 287B

▨敦黄酒泉張掖武□▨　　73EJT37: 288

予父母歸居延唯廷　▨　　73EJT37: 289

建平二年六月丙辰朔辛未□▨　　73EJT37: 290A

張掖□□　▨　　73EJT37: 290B

觻得敬老里公乘□□□▨　　73EJT37: 291

▨□□嗇夫常▨　　73EJT37: 292A

▨令史武　▨　　73EJT37: 292B

▨石弩　▨　　73EJT37: 293

▨□牒書到出入如律▨　　73EJT37: 294A

▨　即日出▨　　73EJT37: 294B

▨從孫長　▨　　73EJT37: 295

▨右游徼慶賢里▨　　73EJT37: 296

▨豐葆　子男
□□▨　　73EJT37: 297

☑□男子……自□

□□□　□葆同縣誼□里男子李□　73EJT37: 298

☑右第卅六車廿人　☑　73EJT37: 299

觻得宜興里賈武年五十二　☑　73EJT37: 300

☑□如律令　☑　73EJT37: 301

☑　詣府□☑　73EJT37: 302

建平三年九月戊申朔戊申居延令彊守丞宮移過所縣道津關遣亭長杜武收流民　73EJT37: 303

☑□市陽里公乘李武年卅八　☑　73EJT37: 304

☑□叩頭死罪死罪☑　73EJT37: 305

戍卒濟陰☑　73EJT37: 306

☑□同年廿二　☑　73EJT37: 307

☑南嗇夫豐入☑　73EJT37: 308

戍卒昭武便處里士伍犂□年☑　73EJT37: 309

☑□至駮南亭□☑　73EJT37: 310

☑十月壬午北嗇夫豐出　73EJT37: 311

☑綦毋豐☑　73EJT37: 312

☑□豐出　73EJT37: 313

☑馬齒八☑　73EJT37: 314

居延☑　73EJT37: 315

☑□橐他界中□□□☑　73EJT37: 316

☐□張焉年卅六☐　73EJT37: 317

☐□□南河□☐　73EJT37: 318

滎陽□里賈罷軍☐　73EJT37: 319

☐□月辛未北亭長☐　73EJT37: 320

☐□朔丁丑……☐　73EJT37: 321

☐□年廿五　☐　73EJT37: 322

☐城騎千人臨☐　73EJT37: 323

關☐　73EJT37: 324

☐嗇夫☐　73EJT37: 325A

☐之□☐　73EJT37: 325B

☐與勝☐　73EJT37: 326

☐卅九　☐　73EJT37: 327

內黃東□里宋意年廿七　☐　73EJT37: 328

……

祿丸一匹☐　73EJT37: 329A

……

……

出五百八十□☐　73EJT37: 329B

出百五十□

☐　……唐里公

……□驗問□☐　73EJT37: 330

☒且以淳□□　73EJT37: 331

☒自受　將卒☒　73EJT37: 332

☒七月奉食　☒　73EJT37: 333

☒□賈昌年廿四　☒　73EJT37: 334

☒斗　☒　73EJT37: 335

☒　乘車一兩牛二頭　☒　73EJT37: 336

安昌□里□初　☒　73EJT37: 337

☒／掾宗守令史護☒　73EJT37: 338

☒□里公乘丁尉年☒　73EJT37: 339

☒上年五歲長☒　73EJT37: 340

☒□□令□☒　73EJT37: 341A

☒□□弦二蘭☒　73EJT37: 341B

☒月戊寅南入☒　73EJT37: 342

☒六月戊子亡☒　73EJT37: 343

出入關符如牒☒　73EJT37: 344

☒□大夫並爲居延殄北士吏☒　73EJT37: 345

☒官印行候事謂☒　73EJT37: 346

☒□移卅井☒　73EJT37: 347

☒吳德　丿☒　73EJT37: 348

☒出入　73EJT37: 349

……

☐長五尺黃色卩☐　　73EJT37:350

……

千秋里任章年卌八　☐　　73EJT37:351

☐里大夫董護　廿四黃色　☐　　73EJT37:352

☐牛車一兩　十二月丙申入　　73EJT37:353

☐□居延界中謹案業印等　　73EJT37:354

五月戊戌除☐　　73EJT37:355

廿六日辛亥食張君游□☐　　73EJT37:356

觻得步利里孔德年□☐　　73EJT37:357

七月甲申居延丞忠移過所如律令☐　　73EJT37:358

☐歲高六尺　　73EJT37:359

傳☐　　73EJT37:360A

□☐　　73EJT37:360B

葆河南都里廉望　□☐　　73EJT37:361

□陽□□里□□□☐　　73EJT37:362

☐□□□關□□不敢忽　　73EJT37:363A

☐□□□□□□所及　　73EJT37:363B

☐□敢言之至四年□☐　　73EJT37:364

☐乘驩牝馬齒十二歲高五尺九寸□☐　　73EJT37:365

觻得敬里鄭☐　　73EJT37:366

▨縣邑候國如律令　□▨　73EJT37:367

戍卒陳留郡外黃□里公乘李□年卅七▨　73EJT37:368

▨元康三年五月中出　73EJT37:369

▨　黑色　丿　73EJT37:370

▨小女來卿年二歲卩　73EJT37:371

▨□昌百□□□▨　73EJT37:372

□□□十二月丙午朔丙寅尉史誠敢言之林育▨
……德……　73EJT37:373A

章曰庫丞印　▨　73EJT37:373B

▨□食▨（習字）　73EJT37:374A

▨五▨（習字）　73EJT37:374B

▨十二月戊辰入▨　73EJT37:375

▨□乘常終相年卌五□▨　73EJT37:376

▨
□欲取傳爲外家傳親利
□□□□過所□□□□　73EJT37:377

▨　十二月壬申南嗇夫豐入　73EJT37:378

▨
□往卅餘歲家屬姚　▨
……　73EJT37:379

▨案並毋官獄徵事謁▨　73EJT37:380

▨生年卅二爲家私使之▨　73EJT37:381A

▨張□尉□▨　73EJT37:381B

☐……
泉水章☐　☐　73EJT37:382A

☐丞☐　73EJT37:382B

☐☐年卅五☐☐　73EJT37:383

☐☐四尺五寸青色☐　73EJT37:385

☐☐☐☐之觻得移年長物色☐　73EJT37:386A

☐　十二月戊子☐☐　73EJT37:386B

☐五尺八寸　七月　☐　73EJT37:387

☐……三月己巳　弓一矢一發　73EJT37:388

觻得敬老里公乘
元延二年正月辛酉☐　73EJT37:389

☐　・凡六十一人☐百五十六軺車廿三　☐
其廿九人吏　73EJT37:390

☐☐西張掖居延〃水☐☐☐☐　73EJT37:391

☐居延都尉守卒史定軍☐　73EJT37:392

從者居延雜里官大夫☐　73EJT37:393

☐☐里不更孫☐☐　73EJT37:394

☐留止如律令☐　73EJT37:395A

☐☐以來　☐　73EJT37:395B

☐☐☐以功次遷☐　73EJT37:396

尉史桓賢在都倉以次行☐　73EJT37:397

☑□年三月庚午朔癸酉東□☑　73EJT37: 398

……

☑里男子王則年卅四☑　73EJT37: 399

☑　□私使張掖郡居延界中謹案延年

……　☑　73EJT37: 400A

☑甘陵丞之印　☑　73EJT37: 400B

居延丞☑　73EJT37: 401A

……

與立俱之官謹□☑　73EJT37: 401B

……

☑　車二兩十一月己酉□出□□

牛二頭　73EJT37: 402

☑長七尺四寸黑色四月☑　73EJT37: 403

☑掾豐令史譚　73EJT37: 404

河南宜成里王葆年卅　☑　73EJT37: 405

☑□出來復傳入如律令☑　73EJT37: 406

☑死叩頭死罪死罪☑　73EJT37: 407

田卒河南郡密邑發武朱宗年卅五　☑　73EJT37: 408

☑　……

六尺一寸一匹□牝齒八歲高六尺君功買　73EJT37: 409

☑　月丙申朔　☑

□爵里年　73EJT37: 410

☒鱳得高平里士五趙相年卅三　☒　73EJT37:411

☒吏有牛馬者　☒（觚）　73EJT37:412

關嗇夫常☒　73EJT37:413

☒□年十七歲長七尺二寸步入□☒　73EJT37:414

☒關　豐☒　73EJT37:415

☒□齒七歲　不　二月丙辰出
五歲　卩　73EJT37:416

居延龍起里男子龐並　軺車
馬一匹☒　73EJT37:418

居延守令史竇彭☒　73EJT37:419

☒……
移過所郡縣門亭毋留止如律☒　73EJT37:420

☒可以爲中初元不知願☒　73EJT37:421

廣地守候番和尉常移金關遣□北□☒　73EJT37:422

☒所占用馬一匹軺車一乘☒　73EJT37:423

☒　大車一兩☒　73EJT37:424

☒言之八月辛卯茂陵令守左尉循行丞事移居延移☒　73EJT37:425

☒□□等曰脩成里男子章平自言欲取傳爲☒　73EJT37:426

☒　史章敢言之大昌里　☒
□毋官獄徵事當得　73EJT37:427

張忠送死罪囚□□□□□☒　73EJT37:428

永始三年三月己酉朔☐　　73EJT37:429

願卿幸哀☐　　73EJT37:430

觻得壽貴里公乘徐奴年卅三☐　　73EJT37:431

☐自言章容……☐　　73EJT37:432

☐九月癸未北出　☐　　73EJT37:433

☐□□田張掖郡□　　73EJT37:434

·右第九車十人　☐　　73EJT37:435

□自言乘牛車一兩牛二謁☐　　73EJT37:436

☐丙戌西鄉有秩□□□☐　　73EJT37:437

☐隧長杜鳳敢言之負累☐　　73EJT37:438

☐马　马　　73EJT37:439

☐　二石臨菑來□□
……　☐（習字）　　73EJT37:440A

☐　五小麥三石五
出小麥……　☐　　73EJT37:440B

☐□□□　　73EJT37:441A

☐　□□　　73EJT37:441B

願以令取傳謹案客子戶籍臧鄉者
□□　☐　　73EJT37:442A

……☐　　73EJT37:442B

☐□鄭護永始三年正月山□□☐　　73EJT37:443

□□亭長□□□▨　73EJT37:444

▨　年三月丁亥朔丙申
　　□□□如牒書　▨　73EJT37:445A

▨　……尉
來　▨　73EJT37:445B

元延三年八月甲申朔庚戌都鄉有秩□佐武敢言之男子▨　73EJT37:446

▨　年三月甲子居延都尉湯丞嘉謂□
……　▨　73EJT37:447

出黃粱米一斗一　其□□　建始三年三月丁未置佐親▨　73EJT37:448

▨色　車□兩牛二頭　七月丁亥入　□　73EJT37:449

▨亭長范勳逐殺　□守丞宮移過所縣
　　　　　　　□中當舍傳舍從者　▨　73EJT37:450
　　　　　　　／兼掾豐令史譚佐業

▨□安守長丞忠移過所肩水金關居延縣索關冥安▨　73EJT37:451

田卒河南新鄭富里公乘孫章年廿九　▨　73EJT37:452

建平元年十一月壬子居延守令城騎千人□
……　▨　73EJT37:453A

……▨　73EJT37:453B

捕虜隧長昭武久長里公乘朱雲年卌五對府　▨　73EJT37:454

段順大婢織綈長七尺　▨　73EJT37:455

▨□肩水里李音卅六歲字子上乘軺車駕姚華牝馬一匹齒九□▨　73EJT37:456

▨鄉有秩順敢告尉史廣德里左□　▨　73EJT37:457
……

熒陽春陵里公乘張福年六十三字□▨　73EJT37:458

候長程忠　▨　73EJT37:459

谿東隧卒東郡博平市南里▨　73EJT37:460

▨……三□□□▨　73EJT37:461

▨占用馬□騂牝馬齒十歲▨　73EJT37:462

▨十二月奉　▨　73EJT37:463

▨廣地候況移▨　73EJT37:464A

▨□　令史▨　73EJT37:464B

居延殄北令史陽里公乘蘇□▨　73EJT37:465

肩水候史傅武　▨　73EJT37:466

肩水金關▨　73EJT37:467A

……▨　73EJT37:467B

茂陵敬老里王臨字游君▨　73EJT37:468A

之
丞印　▨　73EJT37:468B

▨肩水金關▨　73EJT37:469

齊郡鉅定广里不更宿延▨　73EJT37:470

▨□自言爲家私使　73EJT37:471
……

☒其一匹齒七歲高五尺八寸
□歲高五尺八寸　二月□☒　73EJT37:472

王□報□卿　□□☒　73EJT37:473A

□之□〃□〃□☒　73EJT37:473B

☒□□□□卒□□☒　73EJT37:474

☒□出入如律令☒　73EJT37:475

☒山里公乘常褒年卅二　初除詣府入□□☒　73EJT37:476

☒褒守令史充　73EJT37:477

出錢六十
　　□□儀□　☒　73EJT37:478

□□□□里蔡□字君□☒　73EJT37:479

☒　庚寅朔己亥張掖居延
□舍從者如律令　☒　73EJT37:480A

☒都尉　☒　73EJT37:480B

☒　見將車丿
正月壬辰入　73EJT37:481

☒□里于破胡年卅八□☒　73EJT37:482

☒□叩頭
☒□馬當立　73EJT37:483A

☒　〃頭〃馬小
□金關　73EJT37:483B

☒子男壽年十三
四月庚午出☒ 73EJT37: 484

☒ ·以給隧長某卒某日☒ 73EJT37: 485A

☒言之急□知……☒ 73EJT37: 485B

屬南郡故順陽 ☒ 73EJT37: 486

☒之謁移□□□ 73EJT37: 487

☒ ……□月□申出
□月癸巳入☒ 73EJT37: 488

☒□□□食時卒猛受莫當卒□□分
卒黨 卩 73EJT37: 489

☒□廣地☒ 73EJT37: 490

☒ 弟齋年七歲
作者觻得孝□☒ 73EJT37: 491

☒廿一吉可以行作所求得 ☒ 73EJT37: 492

☒苛留止如律令□☒ 73EJT37: 493

☒ ……
□律令 ☒ 73EJT37: 494

綏和二年四月☒ 73EJT37: 495A

□以□☒ 73EJT37: 495B

☒□觻得益昌里丁□☒ 73EJT37: 496

罰如律移四時舉☒ 73EJT37: 497

⧄晦日積千二百六十日□⧄　73EJT37:498

昭武安定里楊充⧄　73EJT37:499

元延三年八月甲申朔壬⧄　73EJT37:500

⧄□主簿樂君⧄　73EJT37:501A

⧄死罪罪忽⧄　73EJT37:501B

殄虜隧長猛　⧄　73EJT37:502

□□⧄　73EJT37:503

陽夏□□里陳奉親　⧄　73EJT37:504

⧄□□□子朔乙酉□
居延□……　⧄　73EJT37:505

⧄□五月中　⧄　73EJT37:506

⧄□□□⧄　73EJT37:507

⧄　四石～　⧄　73EJT37:508

⧄槖他候□□⧄　73EJT37:509

⧄　吏十人　民十人
卒五百五十一人　凡五百⧄　73EJT37:510

⧄居延都尉⧄　73EJT37:511A

⧄尉丞死〃罪〃⧄　73EJT37:511B

⧄□自取⧄　73EJT37:512①

⧄朔甲⧄　73EJT37:512②

⧄陰陬⧄　73EJT37:513

☐二月壬申出☐　73EJT37: 514

居延延☐　73EJT37: 515A

☐☐叩頭死☐　73EJT37: 515B

☐延都尉☐☐　73EJT37: 516A

☐死罪〃九月丙午☐　73EJT37: 516B

☐　葆觻☐
　　立妻大☐　73EJT37: 517

☐☐盡☐　73EJT37: 518

地節三年六月丙戌朔甲辰尉史延年敢言之遣佐廣齋三老賜名籍對大守府會軺車一乘牛一與從者平里紀市俱謁
移過所縣道河津關毋苛留止敢言之
六月甲辰居延丞延年移過所縣道河津關毋苛留止如律令／掾延年佐長世　73EJT37: 519A

章曰居延丞印
六月壬子以來　73EJT37: 519B

神爵四年正月丙寅朔辛巳居延丞奉光移肩水金關都尉府移肩水
候書曰大守府調徒復作四人送往來過客今居延調鬼新徒孫　73EJT37: 520A

居延丞印
正月壬辰董敞以來　73EJT37: 520B

五鳳元年六月戊子朔己亥西鄉嗇夫樂敢言之大昌里趙延自言爲家私使居延與妻平子小男偃登大奴同婢瓅綠謹案延
平偃登便同綠毋官獄徵事當得取傳乘家所占用馬五匹軺車四乘謁移過所肩水金關居延敢言之
六月己亥屋蘭守丞聖光移過所肩水金關居延毋苛留如律令／掾賢守令史友　73EJT37: 521

居延都尉卒史居延平里徐通大奴宜長七尺黑色髡頭　　十一月丙辰出
五鳳元年十月丙戌朔辛亥居延守丞安世別上計移肩水金關居延都尉卒史居延平里徐通
自言繇之隴西還買觻得敬老里丁韋君大奴宜今疎書宜年長物色書到出如律
令　　73EJT37: 522A

印曰居延丞印
十一月丙辰佐其以來　　73EJT37: 522B

五鳳二年二月甲申朔壬戌騣鄉嗇夫順敢言之道德里周欣自言客田張掖
郡觻得縣北屬都亭部元年賦筭皆給謁移觻得至八月□檢
二月辛亥茂陵令　守左尉親行丞事／掾充　　73EJT37: 523A

茂陵左尉　　73EJT37: 523B

五鳳三年十月甲辰朔癸酉西鄉嗇夫安世敢言之隴西〻始昌里知實自言以令占田居延以令予傳與大奴謹從者平里季奉
家市田器張掖武威金城天水界中車一乘馬二匹謁移過所河津關毋苛留止如律令
敢言之
十月癸酉居延令弘守丞安世移過所如律令　　／掾忠佐定　　73EJT37: 524

永光三年十一月壬午朔丁未酒泉北部千人禹移過所河津關遣葆平陵宜利里韓則年卅五杜陵華陽里
公乘呂義年廿九乘軺一乘牡馬一匹之居延收責毋苛留如律令　　73EJT37: 525

永光四年六月己酉朔癸丑倉嗇夫勃敢言之徒故潁川郡陽翟宜昌里陳犬永光三年十二月中坐傷人論鬼新會
二月乙丑赦令免罪復作以詔書贖免爲庶人歸故縣謁移過所河津關毋苛留止縣次贖食　　73EJT37: 526

河平四年七月辛亥朔庚午西鄉有秩嗇夫誼守斗食佐輔敢言之中安男子楊譚自言欲取偃
檢與家屬俱客田居延界中謹案譚等年如牒皆非亡人命者當得取偃檢父老孫都證謁移居延如律令
敢言之七月癸酉長安令右丞萬移居延如律令　　／掾殷令史賞　　73EJT37: 527

元延元年九月乙丑朔丙戌肩水千人宗移過所遣從史趙放爲私市居延
當舍傳舍從者如律令　　73EJT37: 528

元延二年四月壬辰朔丙辰守令史長敢言之表是安樂里男子左鳳自言鳳爲卅井塞尉犯法
論事已願以令取致歸故縣名籍如牒謁移卅井縣索肩水金關出入如律令敢言之　73EJT37:529

建平四年正月丁未朔庚申西鄉守嗇夫武以私印行事敢言之昭武男子孫憲詣鄉自言願以律取致籍歸故縣謹案
憲毋官獄徵事當得以律取致籍名縣如牒唯廷謁移卅井縣索肩水金關出入如律令敢言之三月辛酉北嗇夫豐出　73EJT37:530

六月乙亥居延令憲守令史承祿行丞事敢言之
函谷關謹寫移敢言之／佐安世　73EJT37:531

隗卿致以十二月庚寅入
子使女□□年十四　劉莫且年廿五
子使男誼年八　從者衛慶年廿四
子使女聖年四　凡六人　73EJT37:532

☑元年三月癸巳朔乙巳安定左騎千人況□☑　73EJT37:533A

☑□□□　☑　73EJT37:533B

☑水廷隧次行　☑　73EJT37:534

☑盡六月奉用錢萬八千□☑　73EJT37:535A

☑　羌羌對以肩
彊兼行丞事☑　73EJT37:535B

觻得安國里公乘李鳳年卅丿　□☑　73EJT37:536

☑葆俱之角得對大司空史願☑　73EJT37:537

槖佗斬首隧長桓憲　子女華置年□
子男□子□　☑　73EJT37:538

☑□年卅一　方箱車一乘　☑　73EJT37:539

☑□金關文書方逐案劾☑　73EJT37:540

入還絮錢六百八十……☑　73EJT37:541

☒自言爲家私☒　73EJT37:542A

☒□□　☒　73EJT37:542B

☒□一大刀一　六月乙□☒　73EJT37:543

☒□□書治所往來行書□☒　73EJT37:544A

☒□鳳　·一人一札□☒　73EJT37:544B

司寇大男楊廣年廿五黑☒　73EJT37:545

☒公乘□□□☒　73EJT37:546

肩水司馬令史居延鞮汗里☒　73EJT37:547

從史居延安樂里大夫李立年廿　☒　73EJT37:548

☒到如律令　73EJT37:549

田卒梁國睢陽斛陽里謝姓□☒　73EJT37:550

☒年卅五長七尺三寸　黑色　☒　73EJT37:551

☒乘方相車駕騩牝馬☒　73EJT37:552

居延完城旦徒大男□☒　73EJT37:553

☒□市陽里盧侯忠□☒　73EJT37:554

☒
□之敢言之　☒
……　73EJT37:555A

☒易易易□☒　73EJT37:555B

☒□高勤上□□□☒　73EJT37:556A

☒里□□再□□☒　73EJT37:556B

☑□三歲
年一歲　73EJT37:557

☑□爲部稾□☑　73EJT37:558

☑□年廿四　丿　六月丁☑　73EJT37:559

平樂隧長姚況請卒☑　73EJT37:560

建平元年八月□☑　73EJT37:561

戍卒趙國襄國下廣里公乘耿□☑　73EJT37:562

☑年卌九長七尺四寸黑色　☑　73EJT37:563

河南郡新鄭侯利里公乘江□☑　73EJT37:564

十四日己卯食君游所因宿☑　73EJT37:565

病卒橐他廣地界中名☑　73EJT37:566A

肩倉　☑　73EJT37:566B

☑　車牛一兩　二月癸巳出　73EJT37:567

出百卌就上北部　☑　73EJT37:568

☑……卩　☑　73EJT37:569

☑五斗☑　73EJT37:570

緱氏閒里吳彊年☑　73EJT37:571

☑　十一月甲辰□☑　73EJT37:572

□□傳謹案戶籍
☑河津關毋苛留止☑　73EJT37:573
□竟兼行丞事

□□□
□□如牒書☐　73EJT37:574A

張掖觻得□
　□□☐　73EJT37:574B

三月甲寅觻得長福　獄丞護兼行丞事謁移如律令　☐　73EJT37:575A

觻得獄丞　☐　73EJT37:575B

□始三年七月……☐　73EJT37:576

☐……移肩水金關
如律令　73EJT37:577

遷補千☐　73EJT37:578

☐建平三年正月甲午以久次除補肩水　73EJT37:579

☐大夫宋善年廿長七尺二寸黑色马☐　73EJT37:580

初元三年十月壬午朔乙巳都鄉嗇夫□□□□☐
……　73EJT37:581

橐他沙上隧☐　73EJT37:582

☐□謹因☐　73EJT37:583A

☐□叩〃頭〃☐　73EJT37:583B

☐□六人庸　☐
人身　73EJT37:584

建平元十二月己未
逢皆毋官獄徵　☐　73EJT37:585A

……☐　73EJT37:585B

美草卒陳湯　☑　73EJT37:586

祿福倉丞　☑
□水關　73EJT37:587A

葆俱名　□☑　73EJT37:587B

元延三年五月丙☑　73EJT37:588

……☑　73EJT37:589A

□　☑　73EJT37:589B

☑□　／兼掾長守令史豐☑　73EJT37:590

建平三年四月　☑
……　73EJT37:591

☑□侯國門亭河津毋苛留如律令敢言之
令　73EJT37:592

☑陳音　故廣地☑　73EJT37:593

元延元年四月丁酉朔☑　73EJT37:594

☑詣府取急☑　73EJT37:595

☑□居延願以令取☑　73EJT37:596

建伏地再拜請　☑
……　73EJT37:597

發謹□☑　73EJT37:598A

□　華□☑　73EJT37:598B

☑　字□☑　73EJT37:599

▨□□　73EJT37:600

□□□
如律令　▨　73EJT37:601

▨三匹　十月壬子出
十二月乙未入　卩　73EJT37:602

廣利隧長成倉　□▨　73EJT37:603

北書二封張掖……▨　73EJT37:604

▨□甲寅朔甲子張掖□□□□▨　73EJT37:605

▨四月辛亥朔辛亥▨　73EJT37:606

▨……▨　73EJT37:607A

▨□　▨　73EJT37:607B

▨□歸安定取衣用五▨　73EJT37:608

▨□北嗇夫欽出▨　73EJT37:609

▨□書到□□□▨　73EJT37:610

戍卒觻得▨　73EJT37:611

▨　國爲縣　▨
敢言　73EJT37:612

▨……以十□▨　73EJT37:613

▨不不□□□□　73EJT37:614A

▨□出其□以□書叩頭　73EJT37:614B

建平元年九月庚寅朔丁未居延都尉雲城騎千人□
遣五官掾石博對會大守府當舍傳舍從者如律　☐　73EJT37:615

建平二年五月戊子朔乙未橐他候普移肩水金關吏☐　73EJT37:616A

正月丙申以來　已入　佐☐　73EJT37:616B

建平元年十二月己未朔丁卯西鄉嗇夫褒敢言之市陽里張請君自言☐　73EJT37:617

☐塢長張宗　軺車一乘
馬一匹驪牝齒十歲高五尺八寸　十二月丙戌出☐　73EJT37:618

■右第六車十人　☐　73EJT37:619

☐　四月乙巳入　73EJT37:620

觻得昌平里公乘鄭褒年廿五☐　73EJT37:621

安竟隧卒觻得步利里士伍孔益壽☐　73EJT37:622

☐齒八歲高六尺二寸十月庚申北出卩　73EJT37:623

☐　牛二車一兩弩一矢五十　73EJT37:624

建平四年正月家屬符　☐　73EJT37:625

鴻嘉三年二月癸卯朔己☐　73EJT37:626

明廷不忍數哀憐☐　73EJT37:627

禁姦隧戍卒觻得悉意里公乘王鳳年五十行書橐☐　73EJT37:628

臨之隧長田放　☐　73EJT37:629

水北隧卒耿勃　☐　73EJT37:630

騂北亭戍卒觻得定國里公乘莊憙年廿七　行書橐他界中　☐　73EJT37:631

☐　軺車二乘馬二匹　丿　73EJT37:632

河南熒陽春成里張▨　73EJT37:633

河南郡熒陽臨豪里趙宗年廿九▨　73EJT37:634

▨　大車一兩牛一　十一月入　73EJT37:635

▨　十二月乙丑北嗇夫豐出　73EJT37:636

元延四年五月己卯朔
居延願以令取傳謹案▨　73EJT37:637

卅井縣索肩水金關出▨　73EJT37:638

▨……建平二年十一月丙戌置佐並受▨　73EJT37:639

建平元年四月癸亥朔□□□水守城尉賞移肩水金關居延縣索關
吏自言遣所葆爲家私使居延名縣里年姓如牒書出入如律令　▨　73EJT37:640A＋707A

佐忠▨　73EJT37:640B＋707B

東郡發干就龍亭長公乘長□▨　73EJT37:641

▨□□□孫仁自言弟放爲都尉守屬繇之
□臧官者仁爵大夫年廿五毋官獄徵事當　73EJT37:642

▨□彭擊豐右手一□▨　73EJT37:643

▨邑東鄉亭長許廣□▨　73EJT37:644

鴻嘉四年十二月癸
傳舍從者如律令　▨　73EJT37:645

▨□卩　爲人黑毋須長七尺衣白布單衣白布單絝　73EJT37:646

肩水金關　甲渠守尉王任印　▨　73EJT37:647

▨賈車長未但數　73EJT37:648A

〼□平　73EJT37: 648B

〼十二月辛未朔庚
令取傳謹案〼　73EJT37: 649

〼律令　73EJT37: 650

建平二年六月丙辰朔〼　73EJT37: 651A

觻得塞尉印〼　73EJT37: 651B

〼車一兩　弓一矢廿十〼　73EJT37: 652

〼長七尺四寸黑色卩
□張誼逐市張掖酒泉郡中與從者西道〼　73EJT37: 653

張寅孝夫足下善毋□
死甚傷慮建宜以時至前不肖□□不在死罪……〼
……過所□及幸〃甚〃　73EJT37: 654A + 734A

……伏地再拜
張寅孝夫足下□·建因報張寅建部卿〃欲爲王張寅祭張寅將母欲爲　〼
魏掾　73EJT37: 654B + 734B

三月壬午長安令右丞寬移〼　73EJT37: 655
□乘王延年〃廿八歲長七尺五寸

〼五歲長七尺　皆黑色
入出止　73EJT37: 656

〼壬子朔乙丑廣明鄉嗇夫恭敢言之廣德里不〼　73EJT37: 657

☒槖他界中　盡五年二月止　73EJT37:658

☒不復致入　叩頭☐　請☒　73EJT37:659A

☒　耶　☒　73EJT37:659B

☒☐年卅六七　中壯板身汙面短髯長三寸所衣白布單衣☐☒　73EJT37:660

☒高拓年卅　73EJT37:661

河南郡滎陽☐☐里公乘王定年廿七歲長七尺☐☐☒　73EJT37:662

甲渠候史居延白石里公乘靳望年五十八☒　73EJT37:663

☒☐年六十　五月十六日☒　73EJT37:664

☒年卅八　☒　73EJT37:665

元康三年廣地吏☒　73EJT37:666

☒　尉豐殄虜隧長
善毋恙☐☐☐☐☐☒　73EJT37:667A

☒☐謹言毋所☐乘與唯☐之
軍叩〃頭〃白　☒　73EJT37:667B

☒　軺車八乘
馬十一匹　73EJT37:668

葆茂陵萬延里陳廣漢年卌二長七尺六寸　☒　73EJT37:669

戍卒淮陽國扶溝桐里公乘寇志年卅一　車父　☒　73EJT37:670

·肩水候官建始元年七月盡九月居延☒　73EJT37:671

☒乘朱毋傷年卌歲長七尺二寸　☒　73EJT37:672

水北隧卒兒横　三　一　☒　73EJT37:673

居延掾樊循　軺車
　　　　　用馬☑　73EJT37:674

·循客張掖和平里孫立字君功年卅四五短壯□☑　73EJT37:675

☑□寸黑色　马　十一月己未☑　73EJT37:676

☑四石　四石　四石　73EJT37:677

四月丁酉觻得□丞彭移肩水金關居延縣索關出入毋
　　　　　　　　　　　　　　　　／掾輔☑　73EJT37:678

戍卒淮陽國甯平□城里大夫陳護年廿四長七尺二寸黑色　马☑　73EJT37:679

☑□當得取傳謁移過所縣邑津關勿　73EJT37:680

☑□□爰書先以證財物故不以實臧五百以上　73EJT37:681

□□鳳不以爲意□□□□□□□□□
□□□□□□□□□□□☑　73EJT37:682

☑正月辛酉北出　五月壬辰南入　73EJT37:683

☑當坐叩頭死〃罪〃敢言之　73EJT37:684

☑年五十六長七尺二寸黑色牛車一☑　73EJT37:685

☑□□□□　張掖大守延年肩水倉長移
乘傳　觻得以次爲駕當舍傳☑　73EJT37:686

妻大女昭武宜春里幸遷年廿七　車二兩
子男詡年九　牛二頭
☑子小男黨年七　73EJT37:687
□子小男……

☑□細身小頭方面小髭少須身端直初亡時黑幘☑　73EJT37:688

☒肩水金關　　73EJT37:689

☒□司馬孝移肩水金關遣
毋官獄徵事當得出入關如　　73EJT37:690

☒……遣候史王□輸錢□□縣　　73EJT37:691A

☒　發
□　　令史壽　　73EJT37:691B

昌武里公乘郭弘年廿七自言爲家私市張掖郡
七月丙戌右尉光敢言之謹案弘年爵如書毋　☒
取偃師長湯移過所縣邑津關毋何留如律令／掾恩令史安　　73EJT37:692

☒□成居延守丞武移過所縣道津關收流民張掖武威
郡中遣茂陵脩禮里男子公乘陳客年廿五□□□□　　73EJT37:693

居延亭長當遂里公乘□慶年卅二卩　　用馬一匹白□　~☒　　73EJT37:694

募從者始昌里公乘成次年卅八長七尺四寸　☒　　73EJT37:695

☒　軺車一乘
馬一匹　　二月辛未南亭長步入　　73EJT37:696

☒界亭　　皆九月戊午入　☒　　73EJT37:697

元延元年十月甲午朔乙卯鶉陰守長　丞並移過所新成里男☒　　73EJT37:698

……

梁國戍卒菑直里大夫陳延年〃廿五　☒　　73EJT37:699

☒　李君卿一分直百
王子真一分直百　　73EJT37:700

居延左部守游徼肩水里士伍張武年五十六　　十一月庚子候史丹入☒　　73EJT37:701

□□□□□□□□□□敢言之□□□□□□□□
二月癸亥滎陽守丞萬移過所如律令　／掾憙令 ☐ 73EJT37:702A

滎陽丞印 ☐ 73EJT37:702B

河南鞏秋陰里公乘趙紺年廿一長七尺□□☐ 73EJT37:703

☐……憙移居延如律令奉明廣德里丘護年廿七 ☐ 73EJT37:704

☐……如牒書到出內如律令☐ 73EJT37:705

建平元年十月乙酉張掖居延都尉雲丞歆謂□
事當舍傳舍從者如律令 ☐ 73EJT37:706

作日所累記不知至田□
所作爲何等乎吾過符欲至□ ☐ 73EJT37:708A

田立叩頭言
子贛坐前見數不言自□☐ 73EJT37:708B

南陽宛邑令史殷護 ☐ 73EJT37:709

張掖屬國破胡佰三里楊忠年五十一長七尺三寸　十二月甲午入 ☐ 73EJT37:710

☐年卅八歲黃色　·軺車三乘牛車四兩用馬七匹草馬廿匹用牛四　卩 73EJT37:711

☐ 軺車一乘馬一匹騩牝齒十六高六尺
黑犗牛一頭 73EJT37:712

河南雒陽芷陽里大夫菅從年卅五長七尺二寸黑色　五月辛未出
六月乙巳入☐ 73EJT37:713

肩水金關 ☐ 73EJT37:714

☑一封　　二月丙辰書佐相署　　73EJT37:715

☑甲戌廣地觻得守塞尉博兼行候事移肩水金關　　73EJT37:716A

☑　　……
君前　　守令史忠　　73EJT37:716B

☑三寸黑色　　73EJT37:717

二月癸酉廣地隧長尊以私印兼行候事移肩水金　　73EJT37:718

☑□三月奉　　元康五年三月癸未朔癸卯士吏横付襄澤隧長樂成
／候房臨　　73EJT37:719

☑……
居延河津關毋苛留如律令　　73EJT37:720

關毋苛留敢言之十一月癸卯酒泉羌騎☑　　73EJT37:721

逐殺人賊賈賀酒泉張掖武威郡中當舍傳舍從者如律令／兼掾豐守令史□☑　　73EJT37:722

十一月丙午北鄉外黄邑丞鄧移過所☑　　73EJT37:723A

外黄邑丞印☑　　73EJT37:723B

☑□輸卌□粟七十石　　今入卅石
與此四百七十二石八斗　　73EJT37:724

☑□酒泉張掖武威郡中當舍傳舍從者如律令　　73EJT37:725

五官掖大守府以郵行
用此誠糸令人魚獲　　73EJT37:726
……

候長趙審寧歸屋蘭名縣爵里年姓如牒書到出入如☑　　73EJT37:727A

觻得塞尉印　　候史丹發　　☑　　73EJT37:727B

☑爵四年九月壬戌朔己☑（削衣）　73EJT37:728

☑移肩水金關士吏☐宣自言　73EJT37:729A

☑　☐嗇夫☐　73EJT37:729B

☑許脩年卅七歲長七尺二寸墨色告不出　車一兩牛二頭弩一矢五十　73EJT37:730

☑樂賢　73EJT37:731

五鳳三年四月癸丑北部候長宣敢言☑　73EJT37:732

☑☐史☐敢言之謹案有毋官獄徵事當得爲傳謁移過所縣邑侯國勿苛留止敢言之
☐宛獄丞莫當行丞事移過所縣邑侯國勿苛留止如律令／掾通令史東　73EJT37:733

☑用牛一黃犗齒十歲　九月丁未北出☑　73EJT37:735

☑　死罪再拜
☐　☑　73EJT37:736

☑縣河津關　留止如律令敢言之☑　73EJT37:737

……

卒張掖居延移肩水金關卒當出關名籍一編如律令　73EJT37:738A

淮陽令印　73EJT37:738B

神爵元年六月癸未張掖卒史張卿輩凡十五人出　軺車七乘
馬九匹　73EJT37:739

五鳳二年六月壬午朔己丑魏郡貝丘四望亭長寬調爲郡迎　73EJT37:740A

亭長寬　73EJT37:740B

葆扶風槐里東回里李可年卅　73EJT37:741

觻得廣德里公乘石汜可年五十八長七尺五寸黑色　車一兩　十二月戊寅出　73EJT37:742

肩水候寫移書到驗問收責報會四月三日如大守府書律令／掾遂卒史博　73EJT37: 743

十二月辛卯張子上以來　73EJT37: 744A

還入如律令　73EJT37: 744B

觻得始樂里公大夫封賢年五十長七尺二寸黑色　十月壬辰出
十月庚子入
爲平利里侯畢成葆卩　73EJT37: 745

世從者安故里孫偃年十三長六尺黑色　73EJT37: 746

☑佐祿福德昌里趙欣年卅長七尺八寸　五月中出七月癸卯過南　73EJT37: 747

居延都尉屬居延金脩里張誼年卅一　軺車一乘馬一匹　73EJT37: 748

建平三年八月己卯朔乙巳居延城倉長護移過所縣道津關遣從史周武歸武威取衣用當
舍傳舍從者如律令　嗇夫長佐□　73EJT37: 749A

居延倉長印　73EJT37: 749B

梁國戍卒菑東昌里大夫桐汙虜年廿四　丿　73EJT37: 750

小婢承顔長五尺　卩　73EJT37: 751

五月丁巳偃師守長緱氏左尉實守丞就移所過縣邑毋何留如律令掾敞令史憙　73EJT37: 752A

緱氏守丞印　73EJT37: 752B

居延東鄉嗇夫延年里乾忠臣長七尺五寸黑色　軺車一乘馬二匹　73EJT37: 753

妻昭武便處里魯請年十九
槖他沙上隧長魯欽　（簡右側有一刻齒）　73EJT37: 754
建平元年正月家屬符
子男臨年十六

子女召年廿子女青年二歲
建平二年家屬符　（簡左側有一刻齒）　73EJT37: 755
子女驕年十三
子婦君陽年廿三子女君乘年八子男欽年三歲

橐他收降隧長陳建　妻大女觻得安成里陳自爲年卅四
建平二年正月家屬符　子小男惲年九歲　車一兩（簡右側有一刻齒）　73EJT37:756
子小女護□年□□

累下隧長張壽王子大女來君居延千秋里年十八歲
廣地　長七尺黑色　子小男長樂年一歲（簡右側有一刻齒）　73EJT37:757
子小男捐之年七歲

母昭武平都里虞儉年五十
橐他南部候史虞憲　妻大女醜年廿五　大車一兩
建平四年正月家屬出入盡十二月符　子小女孫子年七歲　用牛二頭（簡右側有一刻齒）　73EJT37:758
子小男馮子年四歲　用馬一匹

廣地　士吏護葆觻得都里公乘張徙年卅五歲（簡右側有一刻齒）　73EJT37:759
長七尺五寸黑色

肩水金關　居延司馬印　73EJT37:760
八月丁酉槐累候長年以來

妻大女陽年廿三　車牛一兩
橐他曲河亭長昭武宜春里　子小女頃閭年三歲　用牛二頭（簡右側有一刻齒）　73EJT37:761
陸永家屬符

妻大女昭武宜衆里王辦年五十
橐他石南亭長王並　子男嘉年十一歲
建平四年正月家屬出入盡十二月符　大車一兩（簡右側有一刻齒）　73EJT37:762
用牛二頭
用馬一匹

署從署得行馳道旁孝文皇帝二年正月丙子下　73EJT37:763

河南郡新鄭高闕里公乘馮奉卅三　73EJT37:764

昭武都田嗇夫居延長樂里石襃年廿七　馬一匹　九月乙卯　73EJT37:765

田卒河南郡密邑宜利里公乘鄭不侵　73EJT37:766

廣地卒趙國邯鄲邑里陽成未央　貰賣大刀一賈錢二百五十都倉□□□□男子平所　平直百五十　△卩　73EJT37:767

·右東部　用錢三千三百九十　73EJT37:768

今餘官未使婢一人　73EJT37:769

永始五年二月戊戌朔丙午肩水候憲敢言之府下詔書二事其一事常以二月遣謁者　73EJT37:770A

守令襃　大　守令史襃　73EJT37:770B

寫移書到出入如律令　／佐昭　73EJT37:771

制曰可高皇帝七年七月乙丑下　73EJT37:772

入弩一櫝丸一　元康三年三月甲寅朔辛酉關嗇〼　73EJT37:773

〼告尉史宣平里董充自言取傳爲家賣牛長安謹案
縣邑侯國毋何留敢告尉史　73EJT37:774

府録毋擅入常鄉廣地置佐鄭衆　73EJT37:775

居延部終更已事未罷坐傷人亡命今聞命籍在頓丘邑獄願自詣它如爰書　七月甲辰入　73EJT37:776A

元康四年伏地再拜伏伏伏伏再它再拜伏拜（習字）　73EJT37:776B

〼□部甲鞮瞀裹簿　73EJT37:777

元延二年正月癸亥朔丙子居延殄北候邑移過所縣道河津關遣尉史李鳳市席杯器觻
得當舍傳舍從者如律令　／掾臨令史豐　正月廿二日入　73EJT37:778

南部候長薛鳳　校郵書表火肩水界中出入盡十二月　軺車一乘用馬二匹·其一匹騟牡齒七歲
子男觻得安國里薛級年十五　一馬騅牝齒八歲　73EJT37:779

建平元年九月庚寅朔丁未掾音敢言之官大奴杜勝自言與都尉五官掾石博
葆俱移簿大守府願已令取傳謁移過所縣道河津關毋苛留如律令敢言之　73EJT37:780

……肩水金關遣吏使之居延名縣爵里
年姓如牒書到出入如律令　73EJT37:781A

張掖肩水千人　即日發關　／令史嘉」襃　73EJT37:781B

五鳳四年十一月戊辰朔己丑居延都尉德丞延壽謂過所縣道津關遣屬常樂與行邊兵丞相史楊卿從
……　73EJT37:782

綏和二年十一月乙未朔壬子槖他候普移肩水金關
遣吏卒送雞府官除各如牒書到出入如律令　73EJT37:783A

令史永　73EJT37:783B

七月壬申尉史漢謹案壽年十七歲爵上造敢言之
七月壬申成都守丞睪陶謁移過所縣津亭勿苛止如律令　／掾護令史高　73EJT37:784A

成都丞印　73EJT37:784B

居延令溫君　兄子祿福嘉平里溫普年十三　十二月庚午南嗇夫豐入
馬一匹騮牡齒七歲高五尺七寸半　73EJT37:785

劉儀叩頭白
孝卿前到幸哀之未□留須臾君伯有少"酒不敢　73EJT37:786A

用如侍何恨不肯來及□忽……
者爲乏當食者不叩頭幸甚　73EJT37:786B

騂馬亭長封並　葆孫昭武久長里小男封明年八歲丿三月甲子入
明弟乃始年四　73EJT37:787

建平三年五月庚戌朔甲子肩水候憲謂關嗇夫豐遣守令史敞　73EJT37: 788A
校郵書槖他書到出入如律令

張掖肩候　即日發關
五月甲子以來　令史褒　73EJT37: 788B

☑車二乘騮牡馬一匹齒六歲☐牝馬一匹齒九歲　73EJT37: 789

……☑　73EJT37: 790A

……卒史☑　73EJT37: 790B

☑年卅八長七尺二寸黑色　十月戊寅入　軺車一乘弓一矢五☑　73EJT37: 791

……

☑毋官獄事令得爲傳移過所侯國毋河留　73EJT37: 792
丞我　謁移過所　掾綏守令史賜

……閔☐等　73EJT37: 793

☑　當償馮君上
☐　白素六尺八寸直百五十六……夫☐☐市　73EJT37: 794

☑☐辛巳朔丁未肩水騂北守亭長誼以私印行候事
☐☐☐☐縣爵里年姓各如牒書到入如律令　☑　73EJT37: 795

☑☐廿三長七尺二寸黑色　軺車一乘用馬一匹十二月甲午出　73EJT37: 796

　大婢好長六尺五寸　小奴驩長五尺
客田男子解恭
　小婢緑長五尺　☑　73EJT37: 797

豐頭二所左肩二所☐騂北亭長對☑　73EJT37: 798

……趙秋趙類自言取傳爲家私市張掖
☑……邑侯國以律令從事敢言之　73EJT37: 799A
……過所縣邑侯國如律令掾未央／守令史相

☐□之丞印　　73EJT37:799B

建平四年十二月辛未朔癸酉張掖廣地候況移肩水金關……　☐
名縣爵里年姓如牒書到出入如律令　　73EJT37:800A

廣地候印　　廣地地地　　守令史惲☐　　73EJT37:800B

☐□　　丁長卿
　　　朱長樂　　73EJT37:801

安葆同里公乘馮未央年十九　　長七尺二寸黑色　　丿　　卩　　73EJT37:802

建平二年五月丙戌朔丁亥廣地鱳得守塞尉博移肩水金關部吏卒□☐　　73EJT37:803A
……

五月己丑以來　　□下□　　亭長惲　　☐　　73EJT37:803B

☐　車一乘
□騂牝齒七歲高五尺五寸　　☐　　73EJT37:804

正破月乙未破羌將軍張掖大守千人武☐　　73EJT37:805A

肩水候茂陵息衆里五大夫□□□未得神爵三年四月　☐　　73EJT37:805B
……

□夫假佐恭敢言之善居里男子莊湮自言取傳乘馬三匹
☐年長馬齒物色各如牒過所津關毋苛留如律令
過所如律令　　／掾承守令史就　　73EJT37:806+816

肩水金關　　73EJT37:807

☐董詡年卅丿　　用牛二　　十一月辛丑北佐音出　　十月乙卯南佐音入　　73EJT37:808

……☐　　73EJT37:809

☐弟豐年十七丿　　字少平八月乙酉北出　　73EJT37:810

☒……一兩　　73EJT37:811

☒卒河南郡新鄭安漢里溫奉年卅一　☒　　73EJT37:812

☒□里趙應年廿六　☒　　73EJT37:813

居延長樂里公孫放年十九　從王宣☒　　73EJT37:814

☒得守長日勒尉丞彭移過所如律令□☒　　73EJT37:815

☒□徐光　　73EJT37:817

肩水候官　出關致　　73EJT37:818

☒□丞彭移肩水金關居延縣索關過所亭　　73EJT37:819

☒□關毋苛止如律令敢言之……　　73EJT37:820

☒　北書詣居延都尉八月癸丑起　八月☒　　73EJT37:821

濟陰定陶西鄉嗇夫中關里公乘張廣年卌五長七尺二寸黑色尉史定入丿　　73EJT37:822

☒己亥□□□□年　　73EJT37:823A

☒……　　73EJT37:823B

金關　☒　　73EJT37:824

☒□年廿六　丿　　73EJT37:825

小婢眉年一歲　☒　　73EJT37:826

觻得安樂里大夫王世年六十五歲　丿　☒　　73EJT37:827

☒令史趙彭之官名籍如牒　書到出如律令　　73EJT37:828A

☒□候史丹發　　73EJT37:828B

戍卒趙國柏人曲周里公乘段未央年廿四　☒　　73EJT37:829

將車河南雒陽直里公乘董賢年五十五長七尺二寸黑☐　魚三千頭
☐☐二☐　73EJT37:830

☐長四尺五寸　十二月乙丑北嗇夫豐出　73EJT37:831

☐☐移觻……　☐　73EJT37:832

居延亭長平明里不更張廣年廿三長七尺五寸黑色軺車一乘用
☐從者居延☐☐里大夫徐☐年十二長五尺四寸黑色五月己亥入七月☐　73EJT37:833A

亭長廣傳　☐　73EJT37:833B

戍卒趙國邯鄲東召里功孫定　☐　73EJT37:834

☐肩水關嗇夫放以小官印兼行候事移廣地候官就人　73EJT37:835A

☐　／守令史宣　73EJT37:835B

事移簿丞相府乘所占用馬二匹當舍傳舍從者如律令／掾仁屬守長壽給事☐　73EJT37:836A

居延都尉章　☐　73EJT37:836B

居延都尉書佐陳嚴乚　葆鞮汗里徐褒年☐
軺車一乘馬一匹騩☐　73EJT37:837

☐☐　軺車十二乘
私馬十六匹　七月己卯出　73EJT37:838

謹☐☐東☐主隧☐☐　☐　73EJT37:839

居延☐☐塢長金城里公乘龔憲年卅五　十一月庚☐　73EJT37:840

☐年卅二　輸雞府　音妻苑君年廿五
車一兩牛二頭　73EJT37:841

十月壬申觻得守丞強以私印行事謁移肩水金☐☐　73EJT37:842

肩候
五月癸巳亭長甯忠以來　▨　73EJT37:843

葆東郡茌平邑始里公乘呂壽王年廿長六尺七寸　□▨　73EJT37:844

句陽高成里莊賜之年卅　▨　73EJT37:845

葆妻觻得長壽里趙吳年廿七
橐他野馬隧長趙何　子小女佳年十三　73EJT37:846
子小男章年十一

魯國施里不更辛意年卅長七尺二寸黑色　十月辛巳入　牛車一兩▨　73EJT37:847

南書五封□□
其一封居延都尉章詣郡大守三封昭武長印詣……其一封……　▨　73EJT37:848
府十月庚申起□□　一封居延丞印詣昭武

梁國戍卒菑板里大夫華定年廿四　▨　73EJT37:849

肩水橐他候長勇士隧長□□孫宏
肩水▨　73EJT37:850

百到必用留衣錢□▨　73EJT37:851A
來者必與之書令留　▨
……　73EJT37:851B

河東北屈經陰鄉嗇夫梁博　▨　73EJT37:852

酒五斗▨　73EJT37:853

九月癸亥陽翟邑守丞蓋邑寫移過▨　73EJT37:854

橐他候史昭武樂成里陳襃　妻大女陳恩年卅五　▨　73EJT37:855
子大男業年十八

熒陽春里公士張酺年十五　方相車一乘▨　73EJT37:856

……
☐
案戶籍護士伍年廿五毋官獄徵事當得以令☐　73EJT37:857A

☐□卿　☐　73EJT37:857B

茂陵始樂里李談年廿八字君功　乘方箱車駕騂牡☐　73EJT37:858

河南卷市陰里公乘景音年卌　大婢朱憙
方箱車一乘用馬一匹□☐　73EJT37:859

☐　姊子始至里張音年廿五代　73EJT37:860

☐手巾二
絑布七尺五寸卩☐　73EJT37:861

橐他候長轢得安漢里公乘任由年卌四☐　73EJT37:862

☐　謹案□□□毋官獄徵事謁移過所縣邑
□移過所如律令／掾賢守令史奉　☐　73EJT37:863

☐　／兼掾臨守令史昌佐長　73EJT37:864

☐□望安隧長歸生　☐　73EJT37:865

戍卒淮陽國甯平宜春里□☐　73EJT37:866

☐平樂里公乘彭賜之年□☐　73EJT37:867

居延名縣爵里年姓如☐　73EJT37:868

……謹案戶籍臧
☐□津關毋苛留止敢言☐
……　73EJT37:869

戍邊乘橐他曲河亭南陽郡葉邑安都里柏尚年卅五會赦事已　軺車一乘
牛一頭　二月乙丑南入　73EJT37:870

神爵二年十二月壬申朔辛卯東鄉嗇夫生敢言之昌樂里韓忠自言以令占田居延與子女婢溫小男

……乘占用馬四匹軺車三乘謁移肩水金關出入復傳毋苛留止如律令敢言之　73EJT37:871

▨里公乘郭世年廿九　丿　▨　73EJT37:872

軺車一乘馬一匹弩一矢五十

▨歲長七尺五寸黑色丿　元康二年五月庚　丿　丿

寅入五月丙申出　73EJT37:873

▨□長七尺三寸黑色步　劍一大刀一　73EJT37:874

建平元年十月庚申朔庚申肩水守城尉平□▨　73EJT37:875

元康二年二月庚子朔癸卯西鄉有秩異衆敢言之樂□▨　73EJT37:876A

閏月戊申□□以來　▨　73EJT37:876B

□平元年□

肩水金關出入□　▨　73EJT37:877

朔乙酉尸鄉守有秩合衆敢告尉史

▨事當爲傳謁移過所縣邑毋何留　73EJT37:878A

移過所縣邑毋何留／尉史霸七月丁

▨郭以來　73EJT37:878B

▨家符不□▨　73EJT37:879

黑色自言爲家私市張掖正□

毋何留　▨　73EJT37:880A

……守令史□

……之印▨　73EJT37:880B

▨　長樂充□　▨　73EJT37:881

如律令

出入如律令　☑　73EJT37：882

☑大車一兩牛二　十一月入　73EJT37：883

☑□占案毋官事當爲　☑
……　73EJT37：884

居延守獄史陳臨　軺車一乘
用馬一匹　☑　73EJT37：885

☑黨毋所□☑　73EJT37：886

☑　軺車一乘馬二匹入　73EJT37：887

戍卒隱強始昌里公乘朱定年廿九　八月癸亥北出☑　73EJT37：888

戍卒觻得富安里公乘莊武年廿三☑　73EJT37：889

☑滅虜隧卒周寬　☑　73EJT37：890

後起隧長居延累山里大夫廉賞年廿四詣府☑　73EJT37：891

茂陵昌德里虞昌年☑　73EJT37：892

·南部永始五年☑　73EJT37：893

☑□都尉雲城騎千人臨尉☑　73EJT37：894

☑　步　☑　73EJT37：895

☑字馬齒四歲高六尺一☑　73EJT37：896

☑□年秋八月旦更封敢言☑　73EJT37：897

服之隧卒馬勝之　☑　73EJT37：898

☑卷始利里公乘陳惲年廿八☑　73EJT37：899

☑卒趙國柏安樂里公乘郭便年卅五☑　73EJT37：900

雲陽不審里汝雲□▨　73EJT37:901

▨縣邑勿苛留如律令／令史□▨　73EJT37:902

▨寸　十月庚午南入　73EJT37:903

▨巳北出　凡廿二人五月乙卯南入　73EJT37:904

▨所高下札薄厚繩□▨　73EJT37:905A

出穀若干石　▨　73EJT37:905B

▨　掾音　73EJT37:906

肩水金關　▨　73EJT37:907

▨　二張掖守部司馬行大守事詣居延都尉七月丁未起　七月
一安定大守章詣居延都尉六月己丑起□□　73EJT37:908

建平元年九月庚寅朔……
謁移卅井縣索金關出入敢言之　▨　73EJT37:909
九月庚子庫守丞長移過所寫移如律令

神爵四年七月丙寅凡吏民十一人　其五人新傳出
一人復故傳出▨　73EJT37:910
四人新傳入

舍市杯案席薦張掖郡中當舍傳舍從者如律▨　73EJT37:911A

大大守　▨　73EJT37:911B

戍卒昭武步廣里不更楊當年廿九　迎吏奉城官　五月辛丑南
六月辛酉北嗇▨　73EJT37:912

……城尉平移肩水金關居延縣索關吏使居延所葆各如牒
書到出入如律令　73EJT37:913A

嗇夫黨　73EJT37:913B

☑□□平明里徐護年十六
軺車一乘馬一匹騮牝齒七歲高六尺　……北出　73EJT37:914

☑□　出錢五十粟五斗驪軒
出錢五十粟五斗顯美　73EJT37:915

☑　郡乘所占馬騂
傳謁移函谷關　73EJT37:916

☑關嗇夫吏遣□□　73EJT37:917

入亡人赤表函二　其一起廣地守
一起橐他亭顯☑　73EJT37:918

☑□昭武肩水乘所占用馬一匹軺車
……　73EJT37:919

祿得都里大夫周賢年五十八長七尺二寸黑色　☑　73EJT37:920

☑□年十二長五尺八寸赤色　☑　73EJT37:921

☑黑色　73EJT37:922

☑年十六長七尺三寸　☑　73EJT37:923

☑□觻得樂安里申嚴年廿☑　73EJT37:924

☑□　乘方相車駕騅牝馬齒☑　73EJT37:925

☑□十六已出　乘故革車駕騩牡馬齒十八歲　八月庚辰北出　73EJT37:926

☑□騅牝馬一匹齒十四歲　十一月壬辰兼騂北亭長並出　73EJT37:927

☑□　守丞駿移過所遣中亭長蔡崇司空　73EJT37:928

☒□□寧北至☒
□□□□□　73EJT37:929

七月丙子橐他候□☒　73EJT37:930A

橐他候印　☒　73EJT37:930B

元康二年四月己亥朔癸卯西鄉有秩賢敢告尉☒　73EJT37:931

取傳迎家屬謹案誼☒　73EJT37:932A

觻得丞印　☒　73EJT37:932B

雒陽臨濕里公乘單赦年卌☒　73EJT37:933

☒……束……☒　73EJT37:934

……三月辛酉朔丙子□□敢言之遣西鄉佐憙收流民張掖金城隴西郡中與從者昌里　73EJT37:935

七月
……　☒　73EJT37:936

正月丁巳居延令彊丞循移卅井☒　73EJT37:937

☒……毋官獄徵事當得
二月丁丑居延令尚丞順移過☒　73EJT37:938

☒百廿七石二斗☒　73EJT37:939

☒□□□以令取傳
豐守令史鳳　73EJT37:940

☒□□□□□□□
□□何再拜　73EJT37:941A

☒□□取十五束□
……　73EJT37:941B

☑兩脅下支滿少氣溫欬水□得□□□　73EJT37:942A

☑□□酒飲之會分散□田中　73EJT37:942B

☑……移過所縣官肩水金關毋苛留如律　73EJT37:943

☑□乘里張褒　……單衣☑　73EJT37:944

戍卒趙國邯鄲曲里張錢　正月壬寅入　☑　73EJT37:945

☑關如律令□　73EJT37:946

☑長七尺二寸步入帶劍　☑　73EJT37:947

☑以律取傳謹案　73EJT37:948

☑□客校郵書橐他界☑　73EJT37:949

☑……使忠留關下待關下　73EJT37:950A

☑……願　73EJT37:950B

☑□車一乘　☑　73EJT37:951

昭武高昌里張壽廿三丿　車二兩牛三　正月丁丑出　作者觻得定安里龐宣年廿　皆二月甲午入　73EJT37:952

□山隧卒犂安世　73EJT37:953

■右第十三車九人　73EJT37:954

□卒六人□十七石四斗　73EJT37:955

居延亭長李義　馬一匹騧牝齒五歲　十二月癸卯北候史丹出　73EJT37:956

軺車一乘　73EJT37:957

城勢隧長蘇忠　送御史　卩　三月丙寅入即日出　73EJT37:958

☒　以五月廿七人　□☒　73EJT37:959

五千三百五十以給置稍入過客威未嘗署卒〃不多錢得☒　73EJT37:960

居延守左尉李鳳、　軺車一乘馬一匹騂牡齒九歲　十二月□□出
□□月□□入　73EJT37:961

建平二年六月丙辰朔丁丑肩水候憲謂關嗇夫吏　73EJT37:962A

佐霸　73EJT37:962B

馬二匹　其一匹赤牝齒十歲
其一匹驪牡齒十二歲　凡四人八月庚辰北出　73EJT37:963

……移肩水金關□候長……關
爵里年姓如牒書到出入如律令　十一月辛卯……並入　73EJT37:964

毋適隧卒郭健　73EJT37:965

觻得□□里公乘陳□□□□　字中實　十一月己丑兼亭長出入　73EJT37:966

臨澤隧卒□未央　五百　73EJT37:967

安居延願以令取傳謹案戶籍臧鄉者富里有呂晏年廿爵公士呂
……毋官獄徵事當得取傳謁移過所河津關肩水金關出入　73EJT37:968A

角得長印
嗇夫欽白　73EJT37:968B

蜀郡成都縣直陽里段壽年十七歲　73EJT37:969

田卒濟陰冤句昌成里大夫商廣世年卌九　長七尺二寸黑色　~　、　73EJT37:970

觻得壽貴里公乘朱奉親年十四歲長七尺二寸　73EJT37:971

淺水隧長枚良　送御史　卩　73EJT37:972

小奴成年一歲　卩　73EJT37:973

嚻陵里男子楊譚自言欲取偃檢客田張掖居延南□亭部謹案譚□　▨　73EJT37:974

……

官者都年爵如牒毋官獄徵事當得取傳謁移肩水金關居延縣索關河津毋苛留出入敢言之　73EJT37:975

……

▨……如律令敢言之
廷如律令　／掾令史延年　73EJT37:976

肩水壙野隧長鄧就　73EJT37:977

建平元年九月戊申居延令彊守丞聖移過所縣道河津關肩水……　73EJT37:978

胡騎苑氏　（竹簡）　73EJT37:979

廿六日癸巳食張君游所因宿　出五十□一具
出卌□六封
出十九□一□　十八日癸卯食張君游所因宿　出十發出□　十八日壬申風不行　73EJT37:980

……

追殺人賊□賀酒泉張掖武威郡中當舍傳舍從者如律令　73EJT37:981

田卒河南郡新鄭武成里公乘左奉年卅　卩　73EJT37:982

韓宮尉弘從者好時吉陽里不更莫于禹年卅九長七尺四寸黑色　癸酉出　73EJT37:983

觻得騎士千秋里王護年卅五　73EJT37:984

濟陰郡冤句穀里呂福年廿六　庸同里大夫呂怒士年廿八長七尺二寸黑色　〜　〜〜　73EJT37:985

弘農郡陝宜里大夫王定年卌長七尺二寸黑色　牛一車一兩弓一矢五十　73EJT37:986

戍卒濟陰郡冤句南昌里大夫許毋傷年卅八長七尺二寸黑色　〜　73EJT37:987

魯國壯里士伍悎他年卅五　車二兩牛四頭　十二月庚申南嗇夫□入　73EJT37:988

守屬隨詡葆　頻陽南昌里公乘李鳳年廿五　正月庚午北出　73EJT37:989

子男丹年廿三已出丿　大婢倍年廿已出　丿　73EJT37:990

河南熒陽吉陽里士伍郭祿年廿五長七尺四寸黑色　三年十一月出　73EJT37:991

觻得富里不更閆丘横年卌五長七尺二寸黑色　閏月戊午入　73EJT37:992

魏郡內黃北安樂里大夫程延年五十五　庸同縣同里張後來年卅二長　七尺二寸黑色　73EJT37:993

魏郡內黃東郭里大夫隋穰年廿六　長七尺二寸黑色　丿　73EJT37:994

祿得千秋里大夫魯遂年五十長七尺二寸黑色　73EJT37:995

觻得守令史壽貴里公乘趙駿年廿二長七尺二寸黑色軺車一乘馬一匹　七月中出☑　73EJT37:996

長安囂陵里常惲年卅三　方相一乘
用馬一匹　十一月癸卯兼亭長並入　73EJT37:997

觻得敬老里女子靳敬年十二　十一月乙丑北出　73EJT37:998

所乘用騧牝馬一匹齒十歲高六尺二寸主狗占　73EJT37:999

令史居延千秋里大夫左嘉年卅三丿　十月辛未南嗇夫豐出　軺車一乘
用馬一匹驪牡齒八歲高六尺　73EJT37:1000

將車東郡緒者大夫紀歸年卅六　長七尺二寸黑色　十月戊寅入　牛車一兩　癸酉出　丿　73EJT37:1001

千秋葆京兆新豐西宮里官大夫被長壽年廿一長七尺三寸黑色　六月乙亥出　丿　73EJT37:1002

日勒萬歲里華莫如年廿三長七尺　神爵二年七月中出　73EJT37:1003

酒泉祿福廣漢里公乘孟良年卅
酒泉綏彌工里公乘繇便年卅　73EJT37:1004

梁國戍卒菑樂陽里大夫陳德年廿四　丿　丿　73EJT37:1005

將車河南營陽新安里不更龍眉年卅三長七尺二寸黑色
魚四百頭
槖卅五□□　牛車一兩弓一矢五十丿　73EJT37:1006
出□□五十匹　卌四……入

槖他駮南亭長孫章　妻大女觻得壽貴里孫遷年廿五
陽朔三年正月家屬符　子小男自當年二
皆黑色
（簡右側有一刻齒）　73EJT37:1007

關嗇夫吏　73EJT37:1008A

兼亭　73EJT37:1008B

☑□　吏出入關名籍　73EJT37:1009

☑勿苛留如律令乘馬一匹
令　73EJT37:1010

戍卒趙國邯鄲棘里張歸　☑　73EJT37:1011

·右第七十人　☑　73EJT37:1012

☑□印行候事謂關嗇夫吏移居延縣索關　73EJT37:1013

☑□常占自言爲家私市張掖酒泉郡中謹案年爵如書　73EJT37:1014

☑　乘用騩牝馬齒八歲　丿　☑　73EJT37:1015

☑方箱車一乘馬一匹　☑　73EJT37:1016

☑□　皆十一月癸巳入　73EJT37:1017

廣地隧蘇安世　☑　73EJT37:1018

陽朔五年六月☑　73EJT37:1019

☑□水城尉詡移肩水金關居延縣索關
……　73EJT37:1020A

☒□下　73EJT37:1020B

凡出米四斗八升　☒　73EJT37:1021

長安大京里王賞年卌字子阿　乘方箱車駕騅牝☒　73EJT37:1022

☒　……敢言之
掾宮守令史長　73EJT37:1023

金關　73EJT37:1024

元康三年七月吏
名傳　☒　73EJT37:1025

南部候史居延安故里郭循年廿八　追亡卒　☒　73EJT37:1026

觻得宜樂里楊猛年卅字君公　作者同縣壽貴里男子侯並□☒　73EJT37:1027

觻得樂就里女子徐女止年十八☒　73EJT37:1028

府卿哀憐全命所以顧納之章☒　73EJT37:1029

☒長十七又尺二寸黑色　皆十一月丙戌入　73EJT37:1030

☒金關　73EJT37:1031

☒□官除年姓如牒書到出入如律令　73EJT37:1032A

☒□成尉印　正月十九日武以來　73EJT37:1032B

雒陽廣陽里商竝年十八　步☒　73EJT37:1033

☒方箱車一乘　八月□□嗇夫南入　73EJT37:1034

☒□□肩水金關卅井關　令　73EJT37:1035

觻得宜安里不更郝尊年卌　葆作者同縣樂就里公
車二兩牛四頭　☒　73EJT37:1036

☑遣之官書到出如律　73EJT37:1037

☑明　九月己未勉出　☑　73EJT37:1038

☑壽長孺一直九百　宿昆弟靳安世　十五人爲二石一斗　六斗六升大　73EJT37:1039A

☑□月二月奉　□守丞王卿　73EJT37:1039B

☑□傳　送錢居延　73EJT37:1040

☑□長七尺二寸黑色　～　73EJT37:1041

☑軺車一乘用馬一匹騂牝齒六歲　73EJT37:1042

☑　傳車一乘馬二匹四月戊寅出　73EJT37:1043

☑二長七尺二寸黑色牛車一兩　以□☑　73EJT37:1044

建平元年九月癸丑居延令彊守丞宮移過所縣道河津關遣司空佐張
黨以令對會□月……　73EJT37:1045

☑署金關□……　女子始至里張音年廿五☑　73EJT37:1046

謹案戶籍藏鄉者市陽里有大女張倩君年卌七子女裒年廿子男可丘年三葆富里□□☑　73EJT37:1047A

昭武長印　☑　73EJT37:1047B

關嗇夫常　73EJT37:1048

戍卒昭武市陽里公士□豐年廿八☑　73EJT37:1049

☑□廿五　☑　73EJT37:1050

☑　／掾延兼屬豐書佐良　73EJT37:1051

今日休日井卿夫人來子方中卿爲進丿☑
奏樂卿文卿□□蚤會宣屬行部還井　73EJT37:1052A

宣伏地報□
子方中卿足下謹道即日厚賜竊日近▱
73EJT37:1052B

▱　用牛一　73EJT37:1053

金關　73EJT37:1054

肩水金關　73EJT37:1055

肩水候亭次行　73EJT37:1056

廣地　毋患隧長安世葆居延中宿里公乘徐孺
年七十歲長七尺一寸黑色　73EJT37:1057A

□金關符　73EJT37:1057B

橐他候史氏池千金里張彭
建平四年正月家屬符
母居延庰庭里徐都君年五十
男弟觻得當富里張惲年廿　車二兩
男弟臨年十八　用牛四頭
女弟來侯年廿五　馬三匹
女弟驕年十五
彭妻大女陽年廿五
（簡右側有一刻齒）　73EJT37:1058

橐他通道亭長宋捐之
永始四年家屬符盡十二月
妻大女觻得常樂里宋待君年廿二
子小男自當年九
子小女廉年六
（簡左側有一刻齒）　73EJT37:1059

·右十二月南書七輩十三封　丿　73EJT37:1060

建平元年十二月己未朔辛酉橐他塞尉立移肩水金關候長宋敞自言
與葆之觻得名縣里年姓如牒書到出入如律令　73EJT37:1061A

張掖橐他候印　即日嗇夫豐發
十二月壬戌令史義以來門下　73EJT37:1061B

五鳳四年五月辛未朔乙未廣地守候塞尉順移肩水金關　73EJT37:1062A
書到如律令

張肩塞尉　73EJT37:1062B

甘露元年四月丙申朔丁巳居延卅井候長廣漢敢言之廣
漢遷爲卅井候長與子男充俱之官謹移致籍敢言之　73EJT37:1063

以請詔見親渭陵園當舍傳舍從者如律令　／兼掾博屬蒲書佐誼尊　73EJT37:1064

永始五年閏月己巳朔戊寅槖他守候護移肩水金關遣令史
呂鳳持傳車詣府名縣爵里年姓如牒書到出入如律令　73EJT37:1065A

張肩塞尉　嗇夫欽白發
閏月壬申況以來　君前　／令史鳳尉史敞　73EJT37:1065B

……移過所縣邑河津關城騎千人
子男安歸雲陽縣邑門亭毋苛留如律令　73EJT37:1066
掾宮令史長

綏和二年四月己亥朔癸卯守城尉賞移肩水金關居延卅井縣索關吏自言遣所葆　73EJT37:1067A
……

四月乙巳北　白發君前　73EJT37:1067B

建平二年八月乙卯朔辛酉肩水庫嗇夫賞以小官印行城尉事移肩水金關　73EJT37:1068

……　塢上□鹿盧不調利已利
襄澤隧　塢南面呼以作治　六石弩一傷淵中已作治　臨澤隧長趙印兼　73EJT37:1069
狗少一令以具　辛未章不知薰火令以知

元延二年二月丙申居延守令城騎千人敞丞忠移過所縣□
關遣都阿亭長徐光以詔書送徒上河當舍傳舍從者如律令　73EJT37:1070
三月壬申出卩　掾陽守令史陽佐賢

北書十四封

其四封肩水倉長印二詣居延都尉二詣居延　十月壬午日二千時□馮賢卒周六始付
二封小府詣居延都二封觻得長印一詣居延都尉一詣肩水候官　當
三封肩水千人一詣肩水候一詣槖他一詣廣地　一封昭武長印詣居延令丞發
一封淮陽内史詣居延都尉府　73EJT37:1071

相伏地再拜請
□□□□□□□發元謹之相欲□□□二百錢令留　73EJT37:1072A

長□足下　73EJT37:1072B

吏送致謹給邊重事毋令稽留如律令敢告卒人／掾崇書佐彭　☐　73EJT37:1073

☐……行……　73EJT37:1074

五鳳三年正月戊寅朔戊子都鄉嗇夫遂佐得敢言之長陽里師樂自言爲家市張掖郡中謹案
樂毋官獄徵事當爲傳謹移過所勿苛留敢言之正月庚寅原武右尉憙敢言之
謹移案樂年爵如書敢言之尉史萬正月辛卯原武守丞武移過所如律令掾強
佐異衆　73EJT37:1075A

原武丞印　73EJT37:1075B

五鳳四年六月庚子朔甲寅中鄉嗇夫廣佐敢言之囂陵里男子習萬自言欲取傳爲家私使張掖居延界中謹案萬年
五十一毋官獄徵事當得爲傳父不尊證謁言移過所縣邑毋留止如律令敢言之
六月己未長安守右丞世移過所縣邑毋苛留如律令　掾　令史奉　73EJT37:1076A

章曰長安右丞印　73EJT37:1076B

屋闌定里公乘尹駿年卌九　字巨君　已出　四月丙戌北出　☐　73EJT37:1077

候長觻得定國里公乘貟宗年卌二　△　五月戊寅入　送罷卒府　六月庚戌☐　73EJT37:1078

武威郡張掖丞從史公乘陵里曹奉年五十　73EJT37:1079

將車河南雒陽緒里公乘李定國年廿八　長七尺二寸黑色　正月己丑入　牛車一兩　十一月戊申出入　73EJT37:1080

京兆尹長安囂陵里習萬年五十一長七尺三寸黑色　正月丁丑入　73EJT37:1081

破適隧卒觻得萬年里公乘馬□宮年廿三　見責府　同　十二月乙卯出入　73EJT37:1082

居延臨湖塢長尹音年五十六　車一乘
用一匹　十一月甲辰入　73EJT37:1083

河南郡雒陽柘里大夫蘇通年五十五長七尺二寸黑色　五月辛未出
六月乙巳入　牛一車一兩弩一矢五十　73EJT37:1084

奉明廣里秦護年六十　子幼伋年十八　方相車一乘
用馬一匹　73EJT37:1085

子小男益多年十二　73EJT37:1086

依山隧卒趙延　73EJT37:1087

完城旦徒孫並　丿　十月辛酉北出　73EJT37:1088

☑造蕭麋年十五　驪一匹齒三歲　正月辛酉南入　73EJT37:1089

・右第二車十人　73EJT37:1090

廿七日己亥宿胡烏亭　73EJT37:1091

八月乙亥觻得守丞強以私印行事移肩水金關出來傳入如律令　73EJT37:1092

律令　十月甲戌出卩　73EJT37:1093

……爵公乘年六十歲毋官獄徵事當得以□取傳謁移過所河津關毋苛留止如律令
敢言之・四月己亥居延守丞建移過所如律令　／掾宮佐長　73EJT37:1094A

居延丞印　73EJT37:1094B

……毋官獄徵事當爲傳謁移廷敢言
之移所過縣毋何止九月癸未鉅定丞登移所過縣邑侯國毋何止如律令掾何　73EJT37:1095A

守令史寬　73EJT37:1095B

……移肩水金關□□□□
□牒書到出入如律令　73EJT37:1096A

□他候印　……　73EJT37:1096B

……
守屬負蓋之收責盜臧居延乘家所占用馬當舍傳舍從者如律令▨　73EJT37:1097A

張掖大守章
……　▨　73EJT37:1097B

▨張掖肩水司馬宜以秩次行都尉事謂□遣千人蔡宗校
□如律令　守屬豐　73EJT37:1098A

▨入計會辯治超等等軼群出尤　73EJT37:1098B

五鳳二年五月壬子朔辛巳武安左尉德調爲郡送戍田卒張掖郡　73EJT37:1099A

□□□印　73EJT37:1099B

五鳳元年十二月乙酉朔丁酉嗇夫光敢言之肩水令史蘇得前□　▨　73EJT37:1100
爲廣地候長謁以籍出得妻子之官敢言之

居延西道里陳毋房年卅五歲　黑色長六尺三寸　十一月丙▨　73EJT37:1101

▨□嬰齊年廿七長七尺二寸黑色　73EJT37:1102

▨□里士伍周望年廿五　▨　73EJT37:1103

觻得萬歲里莊褒年廿　▨　73EJT37:1104

關嗇夫居延金城里公乘李豐卅八　妻大女君仁
子大女疌年☑
子小女倩□　73EJT37:1105

戍卒夏侯長年卅　行書橐他　☑　73EJT37:1106

☑　軺車一乘
用馬一匹　十一月戊午北嗇夫豐出　73EJT37:1107

居延當遂里唐偃年十五　☑　73EJT37:1108

河南郡雒陽段里公乘封曼☑　73EJT37:1109

■右上黨郡第卅二車　☑　73EJT37:1110

梁國戍卒菑樂陽里大夫周利年五十二　☑　73EJT37:1111

橐他□□隧……
建平四年家屬符　73EJT37:1112

令史居延沙陰里大夫王嚴年卄九　☑　73EJT37:1113

茂陵孔嘉里公乘□☑　73EJT37:1114

☑□　官牛車一兩　十一月入　73EJT37:1115

☑□來勳光即報中□□不可忽不宜假　73EJT37:1116

延水令史孫仁☑　73EJT37:1117

☑月壬午北嗇夫豐出　73EJT37:1118

悉意里王鳳年五十　☑　73EJT37:1119

居延完城旦大男梁奉宗　☑　73EJT37:1120

出賦錢六百丿　給始安隧長李☑　73EJT37:1121

☒　八月丙申出　73EJT37：1122

昭武擅利里弟侯彭且年廿三　車二兩牛三　見將車　△丿　☒　73EJT37：1123

建平元年十月庚申朔戊子廣地候移☒　73EJT37：1124

觻得當富里萬去疾☒　73EJT37：1125

☒　劍一弩一矢五十　73EJT37：1126

肩水金關　☒　73EJT37：1127

☒車一乘毋苛留止如律令　73EJT37：1128

☒□十步　能諷藁火品約　丿　73EJT37：1129

廣地令史觻得安漢里公乘杜破胡年廿七　長七尺五寸黑色　軺車☒　73EJT37：1130

☒乘軺車駕騧牡馬一匹齒六歲　三月戊寅☒　73EJT37：1131

☒守令史段武葆之武威金城張掖居延酒泉郡界中河津　73EJT37：1132

敢言之□□長……
☒以令取傳謹踈年長物色謁移肩水金關出來復傳敢言之　73EJT37：1133
水金關如律令／掾延年佐宣

☒憲謂關嗇夫吏據書葆　妻子收責橐他界中名縣爵
盡十二月如律令　73EJT37：1134

☒子男恭年廿☒　73EJT37：1135

☒　字翁兄　皆以十一月己酉出　73EJT37：1136

☒乘章褒年卅五　牛一頭車一兩☒　73EJT37：1137
……

☐四歲高六尺　　三月☐☐入　　73EJT37：1138

☐得順曰地且予錢黨曰諸順曰今爲錢涜之順告☐　　73EJT37：1139

☐　二月癸丑出
　三月癸酉入南與吏俱吏入　　73EJT37：1140

河南郡熒陽縣蘇里公乘☐☐　　73EJT37：1141

☐二人牛車廿三兩　　73EJT37：1142

直三百五十願以錢☐☐　　73EJT37：1143A

☐巨君蔡君☐☐☐
誠忘之以故如氏巨君☐　　73EJT37：1143B

☐符　牛車一兩
　弩一矢五十　二月己酉出　　73EJT37：1144

☐　十二月☐☐　　73EJT37：1145

☐字君仲　謝泭　　73EJT37：1146

肩水司馬令史侯豐　十二月辛巳出☐☐　　73EJT37：1147

五月十七日辛巳除廿一日乙酉受遣
閏月十日甲辰發　　73EJT37：1148

五鳳三年八月乙巳朔丁卯槖他塞尉幸敢言之遣
家屬私使觻得唯官爲入出符敢言之　　73EJT37：1149

府守屬臧護　妻觻得長壽里大女臧服君年卌五　牛車一兩　正月戊寅出
　子小男憲年十四卩　用牛二　二月癸卯入　　73EJT37：1150

賦閣已歸東部卒四人以衆人出胳卩　北辟外垣西面☐程
令士吏將餘卒持五人食詣騶望並持方銎矛歸之・出胳卒閣在府令衺亭卒持☐
各有受閣令持矛去並取利絲穿即持皮來令持三皮予服胡千秋爲僵治絝　　73EJT37：1151A

東部三　　左後三　　歸如意卒張同爲記遣令持其歸去丿
南部二　　士吏張卿二　　遣卒盖宗詣報胡代馬遂令亭□□丿　☒
北部五　一騂北矛　臨利二　　歸禁姦卒同丿　　鼓下餘十五石五
73EJT37:1151B

戍卒觻得新都里士伍張詡年廿三　☒　73EJT37:1152

戍卒昭武宜衆里上造王武年廿三　病　卩☒　73EJT37:1153

觻得市陽里公乘王常年卅五長七尺二寸　73EJT37:1154

隴西〃始昌里知實年廿六長七尺五寸　黑色　73EJT37:1155

觻得安定里衛宗年廿五丿　長七尺五寸黑色☒　73EJT37:1156

☒延年〃卅九長七尺三寸黑色　步　丿　73EJT37:1157

☒長七尺二寸黑色马　十一月己丑入☒　73EJT37:1158

居延〃水丞孫就　軺車一乘用馬一匹☒　73EJT37:1159

酒泉西會水富昌里公乘郭歆年卌八　大車一兩　用牛二頭　☒　73EJT37:1160

☒大車一兩　七月丙寅出　負□　□□☒　73EJT37:1161

□□□年十月庚申朔癸亥槖他塞尉……
肩水界中官除如牒書到出入如律令　73EJT37:1162A

張掖槖塞尉　即日嗇夫豐發
……以來　門下　73EJT37:1162B

河上守候史觻得專心里公乘薛遠年廿三郭迹槖他界中出入盡十二月　73EJT37:1163

錢入其縣邊以見錢取庸往者姦黠民受錢爲庸去署亡犯法不已事藂不可長諸庸卒不已事　73EJT37:1164

如律令　73EJT37: 1165

令史遂　☑　73EJT37: 1166

……
屬可校居延部縣農官穀乘所占用馬當舍傳舍☑　73EJT37: 1167A

張掖大守章　☑　73EJT37: 1167B
……

☑□級年十八
□年十七　豐郭迹塞外君級戎收責槖他界中盡十二月止　73EJT37: 1168

今餘米九石三斗三升　☑　73EJT37: 1169

☑□武敢言之謹寫移敢言之　73EJT37: 1170

甲渠尉史萬臨已入　軺車☑　73EJT37: 1171

☑□年長物色謁移肩水金關以致籍出來　73EJT37: 1172

京輔都尉政丞咸霸陵園令博東園令放霸陵☑　73EJT37: 1173＋1183

☑　遣弟轢得步利里程普年□☑　73EJT37: 1174

二月癸巳肩水行候事騂北亭☑　73EJT37: 1175

☑　所縣道河津關遣守屬陳宗
掾弘屬□　73EJT37: 1176

☑毋苛留如律令／掾廣令史彭　73EJT37: 1177

☑守丞臨移過所縣道張　73EJT37: 1178

☑□字偉君　四月甲☑　73EJT37: 1179

子小男樂年六　☑　73EJT37: 1180

☒□立以來　☒　73EJT37:1181A

☒……遣亭長……☒　73EJT37:1181B

六月乙巳☒　73EJT37:1182

五鳳四年三月壬申朔癸酉令史登敢言
同縣故里柳廣偕乘所占騅牡馬一匹白驤左□
侯國門亭河津勿苛留如律令　☒
三月癸酉蔭平守丞寰寫移　73EJT37:1184

居延金城里男子□☒　73EJT37:1185

敢言之富里男子張良自言與同縣宜□
☒鄉……如牒毋官獄徵事當得取傳　☒
……河津關寫移毋苛留如律令　73EJT37:1186A

☒　／掾晏守令史□☒　73EJT37:1186B

☒　……
史昌佐定　73EJT37:1187

☒令安世守丞聖移過所縣邑案如書以從事／掾彊令史兼　73EJT37:1188

☒□北鄉嗇夫黨敢言之樂里男子馬晏　73EJT37:1189

☒　用馬一匹留牡齒十三歲高六尺
□騎馬一匹留牝齒十五歲高六尺二寸　十二月庚辰北嗇夫豐　73EJT37:1190

☒　水金關出入如律令敢言之☒　73EJT37:1191A

☒□印……☒　73EJT37:1191B

☒　已出
葆作者步利里李就年卅字子威　已出　73EJT37:1192

⍁車二乘馬二匹其一匹驪牡齒六歲　七月癸未北出嗇夫欽出　73EJT37：1193

河平四年五月壬子朔甲子……⍁　73EJT37：1194

⍁　葆觻得步里公乘趙明年十八　大車一兩
用牛二頭　二月丙申出□　73EJT37：1195

⍁……
□所如律令　／掾長守命史歆　73EJT37：1196

⍁戍卒名籍　73EJT37：1197A

⍁卒名籍　73EJT37：1197B

主吏卒候望備盜賊为職迺二月⍁　73EJT37：1198

□□□北部候史王卿……　73EJT37：1199A

謁取之毋忘也　□　□　73EJT37：1199B

謁言府叩頭死罪敢言⍁　73EJT37：1200A

異異　步⍁　73EJT37：1200B

⍁五斗・又前送城尉酒石二斗　章子元十四・凡四百八十四　73EJT37：1201

建平元年十一月甲辰居延令彊守丞　移過所縣道河津關遣守⍁　73EJT37：1202

市丞緫卿臨謁言敢言之　⍁　73EJT37：1203A

今己巳治癸丑治之食廿人可之……⍁　73EJT37：1203B

元始三……（字被削去）⍁　73EJT37：1204

張掖郡□田卒觻得樂安里公士嚴中……　⍁　73EJT37：1205

戍卒趙國柏人高望里⍁　73EJT37：1206

建平三年正月癸未朔　☐　73EJT37:1207
……張掖酒泉

☐長七尺黑色　子小☐　73EJT37:1208

☐雒陽安國里大夫樊辯年卌四長七☐　73EJT37:1209

☐　／掾意令史相　73EJT37:1210

☐　盡十二月止　73EJT37:1211

☐□年卌　☐　73EJT37:1212

☐乞鞫囚刑忠名籍如牒書☐　73EJT37:1213

凡百卅二人☐　73EJT37:1214

☐傳致籍　73EJT37:1215

☐當取傳謁移過所縣邑侯國門亭河津　73EJT37:1216

☐　葆雲里上造曹丹年十七丿☐　73EJT37:1217

自言爲府卒史朱賢☐　73EJT37:1218

☐尺三寸　☐　73EJT37:1219

河南郡雒陽榆壽里不更史勢年卅長七尺二寸黑☐　73EJT37:1220

受延隧卒周蒼　☐　73EJT37:1221

南陽宛邑令史段護大奴全□☐　73EJT37:1222

☐□禁姦隧長贏　73EJT37:1223

觻得千秋里不更李齎年卅二□☐　73EJT37:1224

　二月丁卯武騎期門侍郎臣延壽持節奉
☐……　傳第九十七　☐　73EJT37:1225
……

緣薦四皁布緣 ☑ 73EJT37:1226

☑卒意見□☑ 73EJT37:1227A

☑叩〃頭〃必予☑ 73EJT37:1227B

☑軺車一乘馬一匹二月己酉出 73EJT37:1228＋1346

建平元年七月辛卯□
…… ☑ 73EJT37:1229A

彭陽丞印☑ 73EJT37:1229B

☑入關□☑ 73EJT37:1230A

☑出入關傳☑ 73EJT37:1230B

☑□貞年卌六 ☑ 73EJT37:1231

定伏地言
…… ☑ 73EJT37:1232A

候掾 ☑ 73EJT37:1232B

☑行候事謂關嗇夫吏 73EJT37:1233A

☑／令史嚴 73EJT37:1233B

☑十九人 73EJT37:1234

☑他界中出入盡十二月☑ 73EJT37:1235

☑马車牛一兩☑ 73EJT37:1236

☑ 時子張都鄉嗇夫☑ 73EJT37:1237

子男鱳得步利里☑ 73EJT37:1238

☑　朔丙辰鶉陰長　☑
□□□傳　73EJT37: 1239

☑　□二年九月□
　收責橐他□　☑　73EJT37: 1240

☑牛車一兩　☑　73EJT37: 1241

☑更左戎年廿五　兄子□☑　73EJT37: 1242

☑　車二兩□☑　73EJT37: 1243

戍卒淮陽國甯平邑☑　73EJT37: 1244

河南卷始昌里爰建☑　73EJT37: 1245

田卒濟陰郡定陶前安里不更李千秋☑　73EJT37: 1246

☑豐佐仁送客行書橐☑　73EJT37: 1247

☑令史褒敢言之觻得男子孟☑　73EJT37: 1248

☑□候史□☑　73EJT37: 1249

戍卒南陽郡宛邑道□☑　73EJT37: 1250

戍卒淮陽國苦□☑　73EJT37: 1251

☑如律令敢言之　73EJT37: 1252

☑券　☑　73EJT37: 1253A

☑券　☑　73EJT37: 1253B

張掾急□□☑　73EJT37: 1254

☑□佐忠　73EJT37: 1255

建平元年正月甲☑　73EJT37: 1256

□年五月己亥□☐ 73EJT37: 1257

☐田卒河南郡密邑☐ 73EJT37: 1258 + 1291

☐□吏送致縣次傳續食☐ 73EJT37: 1259

夏侯忠 ☐ 73EJT37: 1260

☐ ……所……
□□取傳謁移過所縣道河津 73EJT37: 1261

正月丁酉……☐ 73EJT37: 1262

☐里陳安世大婢財□☐ 73EJT37: 1263

出錢千八百☐ 73EJT37: 1264

·右一人輸脊□☐ 73EJT37: 1265

☐□居第五亭卬賦筭給 73EJT37: 1266

居延鞮汗里□☐ 73EJT37: 1267

觻得成漢里上☐ 73EJT37: 1268

建……
當舍傳舍□ ☐ 73EJT37: 1269

☐如律令 兼掾□☐ 73EJT37: 1270

☐□年三月吏☐ 73EJT37: 1271

卒史奴韶☐ 73EJT37: 1272

釀錢三百五☐ 73EJT37: 1273A

□□☐ 73EJT37: 1273B

☐叩頭死罪敢言之 73EJT37: 1275 + 1276 + 1274

▨□五束率人七十五□▨　73EJT37:1277

▨錢少百五十今　73EJT37:1278A

▨□賜記□□　73EJT37:1278B

一封詣城官　▨　73EJT37:1279A

□　▨　73EJT37:1279B

▨□尹鳳年▨　73EJT37:1280

甲戌　卒□▨　73EJT37:1281

▨□且鹿候長▨　73EJT37:1282

居延守獄史王常寫▨　73EJT37:1283

孝子山　▨　73EJT37:1284A

□□▨　73EJT37:1284B

▨書到出入如律令　73EJT37:1285+1297

▨夫莊況年卌　▨　73EJT37:1286

▨九人　73EJT37:1287

▨敢言之　▨　73EJT37:1288

▨齒十五歲　以□▨　73EJT37:1289

▨夫所動年廿六　四
長六尺▨　73EJT37:1290

▨命屬此□▨　73EJT37:1292

居豐上坐豐□▨　73EJT37:1293

當得取傳謁移☐　73EJT37: 1294

☐歲長七尺二寸黑☐　73EJT37: 1295

☐移金關都尉☐　73EJT37: 1296

☐□弩一矢卅☐　73EJT37: 1298

☐次長坐前萬年毋恙叩頭……☐　73EJT37: 1299A

及京幸得關掾馬卿幸哀憐……☐　73EJT37: 1299B

☐年廿二長六尺七寸☐　73EJT37: 1300

建平五年九月壬寅□☐　73EJT37: 1301

☐敢言之　73EJT37: 1302

☐　□受　73EJT37: 1303A

☐永　73EJT37: 1303B

☐卒忠　73EJT37: 1304A

☐□　73EJT37: 1304B

☐年卅一　☐　73EJT37: 1305

☐尉史□　73EJT37: 1306

出錢六十王殷貸
☐出錢三百卌王譚貸☐　73EJT37: 1307A
出錢百一十王武貸

☐□二石八斗又麥一石☐　73EJT37: 1307B

☐其一人養
定作九人得茭六□☐　73EJT37: 1308

☐御史大夫吉下扶風廄承書
當舍傳舍如律令　☐　　73EJT37:1309

☐移過所河津關肩水金關出入
博守丞戎移金關居延縣索關　　73EJT37:1310

☐申朔庚午肩水騂北亭長何以私印
□縣里年姓如牒書到出入如律令　☐　　73EJT37:1311

出錢卌七常良貸　　出錢十五侯盧貸
☐出錢七十一陳功貸　出錢十四郭良貸☐　　73EJT37:1312A
出錢二百七十七李放貸　凡九百卌四

☐　大凡千一百七十四　☐　　73EJT37:1312B

☐　年二歲〻　　正月癸酉北出　　伏匿車一乘〻
　　五〻　　　　　　　　　　　馬一匹騂牝齒六歲高五尺八寸〻　　73EJT37:1313

☐肩水候官　　張掖□□□印
九月己亥騂北卒林赦之以來　　73EJT37:1314

☐　信年卅五
年十五　・送迎收責　槖他界　☐　　73EJT37:1315

☐　甲寅　日中一分一通□□□分一通　風　☐　　73EJT37:1316
　　　鋪二分一通三分一

戍卒趙國邯鄲平阿里吳世☐　　73EJT37:1317

戍卒南陽郡葉昌里楊意年卅九　☐　　73EJT37:1318

戍卒淮陽國甯平故市里大夫丁臣年卅□☐　　73EJT37:1319

戍卒濟陰郡桂邑千秋里大夫左實年卌長七尺☐　　73EJT37:1320

☑夫高安國年廿四長七尺二寸黑☑　73EJT37:1321

☑　……
高六尺　73EJT37:1322

☑□張林年十三黑色　長五尺七寸　☑　73EJT37:1323

觻得萬年里姚宮年卌字子胥　☑　73EJT37:1324

居延亭長延年里大夫陳輔年廿三長七尺三寸黑色　☑　73EJT37:1325

從者安樂里大夫薛市年廿九　長七尺五寸黑色☑　73EJT37:1326

☑日置佐威受卒趙詡　73EJT37:1327

☑□里公大夫陳得年卌五長七尺二寸黑色☑　73EJT37:1328

積落隧卒孫建　五石☑　73EJT37:1329

雒陽謝里不更尹□☑　73EJT37:1330

觻得騎士成漢里張安　☑　73EJT37:1331

☑□長七尺二寸黑色　马☑　73EJT37:1332

觻得東鄉敬兄里□☑　73EJT37:1333

☑長七尺二寸黑色小爾衣皁繒襲白布襜褕　劍一☑　73EJT37:1334

戍卒濟陰郡☑　73EJT37:1335

表是常樂里□宣年廿三　☑　73EJT37:1336

居延亭長孫婁　軺車一兩
馬一匹　☑　73EJT37:1337

☑□　車牛一兩☑　73EJT37:1338

☑中部五鳳三年正月吏卒被兵簿　73EJT37:1339

☒吏民出入關傳　73EJT37:1340

☒　正月壬寅入　73EJT37:1341

☒□故里左賢年廿三　十一月甲申南關佐音入　73EJT37:1342
□

☒　步入以二月出　☒　73EJT37:1343

☒卒段德爲取　☒　73EJT37:1344

☒　以食登山隧卒孟長安三月☒　73EJT37:1345

☒聚子男奉等十☒　73EJT37:1347

☒吉　☒　73EJT37:1348

☒界中　☒　73EJT37:1349

☒□唯□☒　73EJT37:1350

☒□媛心　~　☒　73EJT37:1351

☒關遣候長趙審爲官市名縣　73EJT37:1352A

☒　令史嘉　73EJT37:1352B

☒□外橐他界中☒　73EJT37:1353+1358

☒申朔☒　73EJT37:1354

仁罪容姦力　☒　73EJT37:1355
……

☒里大夫宋之☒　73EJT37:1356

☒□三千☒　73EJT37:1357

冤句廣里大夫☒　73EJT37:1359

▨□西部□▨　73EJT37:1360

郭迹塞▨　73EJT37:1361

騎士成漢里□▨　73EJT37:1362

▨□爲肩水塞尉▨　73EJT37:1363

▨□謁▨　73EJT37:1364

▨如律令　73EJT37:1365

……出關▨　73EJT37:1366

告之至意甚深厚叩〻頭〻願□▨　73EJT37:1367A

嗇夫〻人坐前毋恙頃者舍中□▨　73EJT37:1367B

▨午朔壬寅南部候長敞□□▨　73EJT37:1368

……
居延都尉胡驛一人□□▨　73EJT37:1369

……
居延富昌里▨
見
……　73EJT37:1370

▨食盡十二月十日　▨　73EJT37:1371

▨□　▨　73EJT37:1372

▨……襲袍▨　73EJT37:1373A

▨……▨　73EJT37:1373B

肩水金關　73EJT37:1374

居延都尉門下史夏憲叩頭
事金關嗇夫許掾門下奉教　☑　73EJT37:1375A

☑□史　73EJT37:1375B

亭長閻得葆昭武破胡里公
五鳳四年六月戊申　葆觻得承明里大夫王賢年十五□☑　（簡左側有一刻齒）　73EJT37:1376
槖他故駮亭長符
葆昭武破胡里大女秋年十八歲

☑□亥朔庚午居延丞順移過所遣守令史郭陽送證觻得獄當舍
☑令　守令史宗佐放　73EJT37:1377

建平四年正月丁未朔癸丑肩水候
里官除年姓□名縣書到出入　☑　73EJT37:1378

神爵三年四月庚午朔甲戌廣地候遣移肩☑（觚）　73EJT37:1379A

付□□將省卒四人詣府檄到毋留止□☑（觚）　73EJT37:1379B

子女呈配年六小
神爵五年二月庚寅朔辛卯騐鄉嗇夫仁敢言之道德里樵威自言田張掖郡居延界中□☑　73EJT37:1380A

……
印曰霸陵右尉　☑　73EJT37:1380B

長安水上里丁宣年卅五　乘蘭輿車驪牡馬一匹齒十二歲高五尺八寸☑　73EJT37:1381

☑二寸黑色　軺車二乘馬三匹・弓一矢卅　73EJT37:1382

☑牛車一兩　劍一弓一矢五十　73EJT37:1383

☑　丿　牛車一兩
用牛二頭　73EJT37:1384

☑□五年四月　車牛一兩　73EJT37:1385

河南落陽東鄉上言里趙武年廿九　馬一匹騂白牡⍁　73EJT37:1386

⍁□隧長孫昌　去署亡　73EJT37:1387

⍁長七尺五寸　十二月己酉出　⍁　73EJT37:1388

居延城倉令史陽里公乘徐占年廿七　長七尺五寸黑色⍁　73EJT37:1389

⍁□游安世年卅六黑色長七尺二寸　二月甲午出　丿　73EJT37:1390

居延復作大男孫奉　丿　73EJT37:1391

⍁□長明里杜賢年卅　卩　73EJT37:1392

⍁□得卌二　73EJT37:1393

充保魏郡陰安倉正里士五張武年卅□□⍁　73EJT37:1394

⍁里李弘年廿七　□⍁　73EJT37:1395

元延元年十一月甲子朔辛卯槖他守塞尉宣移肩⍁　73EJT37:1396A

……

……

十一月辛卯以來　君前　⍁　73EJT37:1396B

⍁……敢言之田卒所假長安
東陽亭長忠付臨渠令史華信陌史柳　73EJT37:1397A

⍁□□　□乘軸□　73EJT37:1397B

⍁□符　73EJT37:1398A

⍁傳　十月辛亥□□取　73EJT37:1398B

表是常樂里公乘陳宣年廿⍁　73EJT37:1399A

表是　⍁　73EJT37:1399B

◎元延三年三月　73EJT37:1400A

◎吏民出入關致　73EJT37:1400B

☑雲丞歆謂過所縣道津關　☑
從者如律令　73EJT37:1401

☑津關遣掾孫萬爲官　73EJT37:1402

肩水金關☑　73EJT37:1403

元延二年三月壬戌朔戊寅守□　☑
壬寅掾憲□□□□謁□□□　73EJT37:1404

☑　……乚　馬一匹騩牝齒十五歲高六尺乚
大婢益息長七尺乚　葆……　73EJT37:1405

肩水庫嗇夫王護　妻大女君以年卌
子大男鳳年十七　☑
子大男褒年十六　73EJT37:1406

☑□寫移肩水候官書到　73EJT37:1407

建平元年正月壬子張掖□☑　73EJT37:1408

年姓如牒書到出入如律令☑　73EJT37:1409

謹移葆出入關符☑　73EJT37:1410

☑□□　□□關卅井關☑　73EJT37:1411

八尺平二　其一□
一□　☑　73EJT37:1412

觻得廣昌里田萬年六十六字長賓　方相車一乘☑　73EJT37:1413

觻得宜産里大夫王多牛年廿二☑ 73EJT37:1414

田卒河南郡密邑東平里陳憙年卅四☑ 73EJT37:1415

八月庚午偃師丞義移過所河津門亭勿☑ 73EJT37:1416

☑□長七尺五寸黑色　軺車一乘馬一匹　五月丁亥出 73EJT37:1417

陽武廷里魯□☑ 73EJT37:1418

☑牛一十一月入 73EJT37:1419

……謹案賢並毋官獄徵事當爲傳謁移廷□
☑……☑ 73EJT37:1420A

☑□丞印　☑ 73EJT37:1420B

☑……府書□□□年盡□□□☑ 73EJT37:1421A

☑都尉府書曰假佐□□除盡十二□☑ 73EJT37:1421B

☑嗇夫豐出　車□☑ 73EJT37:1422

☑月甲子朔壬辰肩水候憲☑ 73EJT37:1423A

☑　守□☑ 73EJT37:1423B

☑□守府　八月乙丑入 73EJT37:1424

橐他却適隧長孟☑ 73EJT37:1425

☑□月六日出　持皁袍一領 73EJT37:1426

子大夫永年廿七　車二兩
用馬三匹 73EJT37:1427

觻得長秋里杜買　马　牛 73EJT37:1428

·辭謾若令辭者罰金一斤 73EJT37:1429A

十三　　73EJT37:1429B
令史居延孤山里常熙年卌　　送客校書橐他界中　　73EJT37:1430
戍卒隱強成陽里公乘尹曼年卌二　　丿　　73EJT37:1431
肩水鄣卒董習　　行書橐他界中盡十二月　　73EJT37:1432
賤子聖謹請使再拜　　73EJT37:1433
□　　與□□□……　　73EJT37:1434
兄兄兄　　73EJT37:1435
……勿苛留止如律令敢言之
三月戊寅居延丞忠移過所如律令／掾陽守令史誼　　73EJT37:1436
⍁□庚子雒陽守丞況移過所毋留如律令／掾宣令史賢　　73EJT37:1437
順伏地言
……因道順丙子到治所毋它急　　73EJT37:1438
正月壬子橐他北部候長勳以私印行候事寫移書到出
……正月如律令　　73EJT37:1439
元元
元元□□□居□□□□叩″頭″　　73EJT37:1440A
□□□□　　73EJT37:1440B
肩水金關居延縣索關隧次行⍁　　73EJT37:1441A
子□孫元延三年□丘得毋有它急如牒⍁　　73EJT37:1441B
願且貸七十一錢乃爲行道用者不宜□財不行出入叩″頭″　　73EJT37:1442A
劉儀伏地叩頭庾都卿屬□□□陳愚□道今北毋錢　　73EJT37:1442B

居延都尉守屬趙武年卌五　乘軺車一乘用馬一匹駠牡齒四歲高五尺▨　73EJT37:1443

南陽宛北當陽里公乘范有年卌長七尺二寸黑色　▨　73EJT37:1444

河南郡雒陽榆壽里不更史勢年廿四長七尺二寸黑色　五月辛▨　73EJT37:1445

觻得富里公乘孫捐之年廿長七尺二寸黑色　▨　73EJT37:1446

忠從弟氏池安定里公乘朱福年卌五長六尺八寸黑▨　73EJT37:1447

■上黨郡神爵五年▨　73EJT37:1448A

■上黨郡神爵五年戍▨　73EJT37:1448B

■右九月北書四輩　丿　▨　73EJT37:1449

元延二年三月壬戌朔丁丑居延卅井候譚移過縣道河津　▨
市上書具觻得當舍傳舍從者如律令　尉史忠　73EJT37:1450

元延元年七月丙寅朔丙寅東鄉嗇夫豐佐章敢言之道德
使之張掖郡界中願以令取傳·謹案戶籍臧官者豐爵公士▨　73EJT37:1451A

允吾丞印　▨　73EJT37:1451B

元延四年九月戊寅朔丁酉都鄉有秩訢敢言
更至五年八月更封敢言之　▨　73EJT37:1452＋1460
九月丁酉茂陵令閣丞護移觻得如

□月甲寅朔庚申東鄉有秩禁敢言之西函里男子
▨獄徵事當爲傳謁移過所縣邑侯國郵亭津　▨　73EJT37:1453

綏和二年十二月甲子朔己丑宛邑市丞華移過所縣……
諸責人亡賊處自如弘農三輔張掖居延郡界中當舍傳舍……　▨　73EJT37:1454

▨乘方相車駕□　孔長伯任
其一牛墨介齒八歲丿　七月戊午入　73EJT37:1455

建平五年七月　　⧄　　73EJT37: 1456

建平四年正月家屬出入盡十二月符　　⧄　　73EJT37: 1457

張掖肩水東望隧長觻得敬老里不更騶惲　　⧄　　73EJT37: 1458A

□□　　⧄　　73EJT37: 1458B

田卒河南郡新鄭章陽里公乘朱兄年卅⧄　　73EJT37: 1459

鶉陰佐王匡年十八　　已出　　⧄　　73EJT37: 1461

建平三年二月壬子朔癸丑……
之張掖郡界中謹驗問里父老王護正同皆任占並毋官獄徵事當爲傳謁移過所縣邑　　73EJT37: 1462A + 1471A
……如律令　　敢言之

臨菑丞印　　73EJT37: 1462B + 1471B

橐他隧長吾惠葆　　妻屋蘭宜春里大女吾阿年卅　　□
　　阿父昭武萬歲里大男胡良年六十九⧄　　73EJT37: 1463

曲河亭長昭武長壽里公乘李音年廿九　　御史　　⧄　　73EJT37: 1464

益池里公乘王壽年卌八長七尺黑⧄　　73EJT37: 1465

觻得定安里趙勳年卌五　　車一兩牛二頭　　十二月癸亥北出⧄　　73EJT37: 1466

肩水金關　　□⧄　　73EJT37: 1467A

肩水金關⧄　　73EJT37: 1467B

四月丙辰居延令□⧄　　73EJT37: 1468A

縣官□□⧄　　73EJT37: 1468B

⧄正月癸未入　　73EJT37: 1469

⧄□□東平陽里公乘呂□年廿□　　⧄　　73EJT37: 1470

☒辰槖他候曾移肩水金關石南亭長　73EJT37: 1472

☒子朔戊寅東鄉嗇夫宗敢言之富里周護自言爲金城允吾左尉樊立葆願☒
……　73EJT37: 1473

☒□　入　73EJT37: 1474

☒里□護自言□□□□□□□□☒　73EJT37: 1475

河南雒陽南堂里不更□☒　73EJT37: 1476

☒當□里共意年卅　大車一兩
……　73EJT37: 1477

七月壬子居延令勝之丞延年移肩水金關☒　73EJT37: 1478

☒葵子五升直廿
……　73EJT37: 1479

☒一編敢言之　73EJT37: 1480

☒恭敢言之應里張林自言取傳爲郡送錢□☒
……　73EJT37: 1481

☒……肩水金關居延縣索關出入☒
鄉嗇夫當內　·鞏守左尉印　73EJT37: 1482

☒□令史長　七月戊子入　73EJT37: 1483

……取傳謁移肩水
七月庚戌觻得長□丞臨移過所亭□□☒　73EJT37: 1484A

觻得長印　☒　73EJT37: 1484B

☒　八月辛亥出　73EJT37: 1485

☒字曼卿八月丁卯出　73EJT37: 1486

十餘日解破之以爲兒衣狹遺其補□☒　73EJT37:1487

☒敢言之　73EJT37:1488

更敢言之謹案武宗年爵如書敢言之☒　73EJT37:1489

……

東部候長□□　73EJT37:1490

□寅朔己酉都鄉嗇夫武敢言之龍起里房則自言願以令取傳爲居延倉令史徐譚葆俱迎錢
上河農・謹案戶籍臧鄉者則爵上造年廿歲毋它官獄徵事當得以令取傳與譚俱謁移過所縣道河津關
毋苛留止如律令敢言之
九月庚戌居延令彊守丞宮寫移過所如律令／兼掾臨守令史褒　73EJT37:1491

戍卒上黨郡穀遠爵氏里公乘高安平　年廿五長七尺一寸黑色　丿　73EJT37:1492

弘農郡陝縣中里張忠年卅五長七尺二寸黑色　73EJT37:1493

左後部建平二年　行塞亭隧名　73EJT37:1494

觻得敬老里士伍何偉字上年五十二　車一兩用牛二　73EJT37:1495

淮湯陳國朱里蔡畢　卩　73EJT37:1496

梁國戍卒菑□中里大夫桓志年卌五　丿丿　73EJT37:1497

視事敢言之　73EJT37:1498

　史昌敢言之遣倉嗇夫勝之移簿大守府與從者始至里陳未央俱
☒謁移過所縣道關毋苛留止如律令敢言之　73EJT37:1499A

　律令　／掾宗守令史昌
☒以來　73EJT37:1499B

元延四年九月己卯居延都尉雲謂過所縣道津關遣守屬李尊移簿
□□當舍傳舍從者如律令　……　73EJT37:1500

☒□午城司馬　兼行居延令事守丞義移過所津關遣亭長朱宣載
俱對會大守府從者如律令　／兼掾臨守令史豐佐昌　73EJT37:1501

☒年十二月辛未朔甲戌張掖廣地候況移肩水金關吏使
里年姓如牒書到出入如律令　73EJT37:1502A

☒□　守令史惲　73EJT37:1502B

建平元年四月癸亥朔甲申廣地候況移肩水金關候詣府名縣爵里年姓如
牒書到出入如律令　73EJT37:1503A

廣地候印　令史嘉　73EJT37:1503B

□寫　73EJT37:1504A

元康四年六月
吏民出入傳籍　73EJT37:1504B

茂陵精期里女子聊碧年廿七　軺車一乘馬一匹　三月癸亥入　73EJT37:1505

雜里女子張驕年卅五　大車一兩
用牛一黑犗齒九歲　73EJT37:1506

☒助府佐徐臨　軺車一乘
馬一匹騂牡齒四歲　十月戊子北出　73EJT37:1507

肩水都尉孫賞　未到　十一月乙卯南嗇夫豐入　73EJT37:1508

居延司空佐張黨　葆卅井里九百同
軺車一乘馬一匹　十月壬午北嗇夫豐出　73EJT37:1509

居延□長黨□　軺車一乘
馬一匹　十月壬申北嗇夫☒　73EJT37:1510

茂陵常賀里公乘莊永年廿八　☒　73EJT37:1511

臨利卒欒得長秋里閔奄年廿三　二月食𠪚臨利倉 三月食已𠪚　☐　73EJT37:1512

☐辛酉出關　73EJT37:1513

通道亭長虞憲　母昭武平都里虞俠年五十　十一月壬寅候史□□ 十二月丁巳北嗇夫豐出　☐　73EJT37:1514

☐□月辛卯兼亭長並出　73EJT37:1515

☐右第五車蒲反亭長樂賀　主　十人　ノ　☐　73EJT37:1516

☐林隧 隧　元延三年七月丁巳夜食五分騂北卒賀受莫當隧卒同　73EJT37:1517

九月丙子氐池守長昭武尉異衆丞丹移肩水金關居延縣索寫移☐　73EJT37:1518

事謂關嗇夫吏″所葆縣里年姓如牒書到出入盡十二月　73EJT37:1519

居延亭長李兼　馬一匹騧牝齒九歲☐　73EJT37:1520

☐肩水司馬行居延都尉事……　73EJT37:1521

☐□游徼左褒　馬一匹騮牡齒十歲　十二月丙子☐　73EJT37:1522

昭武都田嗇夫居延長樂里☐　73EJT37:1523

☐…… 酒泉張掖武　☐　73EJT37:1524

出賦錢九百　☐　73EJT37:1525

何應北界又☐　73EJT37:1526

津關遣候從史顏☐　73EJT37:1527

橐他中部候長程忠　妻大女觻得富安里
子小女買年八歲　☑　73EJT37:1528
子小女遷年三歲

神爵二年五月乙巳☑　73EJT37:1529

☑之遣廄佐輔對會大守☑　73EJT37:1530

建平三年十月□□☑　73EJT37:1531

☑……移□□金關遣就人名籍如牒　73EJT37:1532A

☑　候史丹發　□　73EJT37:1532B

五鳳四年五月丁丑廣地候豐☑（檢）　73EJT37:1533A

檄到出入毋苛留如律令☑（檢）　73EJT37:1533B

■以此南神爵元年盡四年吏民出入關致籍☑　73EJT37:1534

五鳳三年四月甲戌橐他候博移肩水候官遣隧長勝☑（觚）　73EJT37:1535A

館里冀巷等四人詣僵落作所因迎罷省卒四人檄到往來願令史☑（觚）　73EJT37:1535B

☑元年二月庚午橐他候遼移肩水候官遣橐他隧長常年戍卒……　73EJT37:1536A

☑館里陳道送……如律令　／守令史猛　73EJT37:1536B

始建國二年五月丙寅朔丙寅橐他守候義敢言之謹移莫當
隧守衙器簿一編敢言之　73EJT37:1537A

令史恭　73EJT37:1537B

·橐他莫當隧始建國二年五月守　衙器簿　73EJT37:1538

驚米一石　深目六　大積薪三　73EJT37:1539

長斧四　沙二石　瓦帚二　73EJT37:1540

驚糒三石　草藁一　汲器二　73EJT37:1541

皮冒草萆各一　瓦科二　73EJT37:1542

承纍四　瓦箕二　73EJT37:1543

藁火𥁕板一　煙造一　畚一　73EJT37:1544

馬矢橐一　布表一　儲水罌二　73EJT37:1545

·橐他莫當隧始建國二年五月守衙器簿　73EJT37:1546

茹十斤　鼓一　木椎二　73EJT37:1547

木面衣二　破釜一　鐵戊二　73EJT37:1548

芀橐一　布藁三　塢戶上下級各一　73EJT37:1549

長科二　槍卌　狗籠二　73EJT37:1550

連梃四　芮薪二石　狗二　73EJT37:1551+1555

布緯三糒九斗　轉射十一　小積薪三　73EJT37:1552

長棓四　木薪二石　小苣二百　73EJT37:1553

長椎四　馬矢二石　程苣九　73EJT37:1554

☒□二具　藁干二　梭櫐四　73EJT37:1556+1558

弩長臂二　羊頭石五百　塢戶關二　73EJT37:1557

寫□□　☒　73EJT37:1559

☒守丞宮移卅井縣索□☒　73EJT37:1560A

☒□　□□　☒　73EJT37:1560B

☒□行塞函　☒　73EJT37:1561A

〼□水候□□□□□〼　73EJT37:1561B

建平四年正月家屬出入盡十二月〼　73EJT37:1562

〼□隆行大守事丞成下部都尉郡庫……　73EJT37:1563

居延司馬行□□□□□□□□□　73EJT37:1564

〼威卿偶仲孫任　十一月癸亥候史丹內　73EJT37:1565

葆梁樂成里蔡臨年廿丿〼　73EJT37:1566

〼□□　□遷直肩水候〼　73EJT37:1567

□□敬老里王□年十四　方箱車一□
用馬一匹騂〼　73EJT37:1568

〼年六月壬戌□□□□守令史臨敢言之□〼　73EJT37:1569

〼……願報謁之幣盡府　73EJT37:1570A

〼　魏長兄　73EJT37:1570B

會水□□章　〼　73EJT37:1571A

……〼　73EJT37:1571B

〼　橐他□
爲□□　〼　73EJT37:1572

·樂府卿言齋□後殿中□□以不行……迫時入行親以爲□常諸侯王謁拜正月朝賀及上計飭鐘張虡從樂人及興卒制曰可
孝文皇帝七年九月乙未下　73EJT37:1573

〼　妻大女〼　73EJT37:1574

〼炅四節不舉〼　73EJT37:1575

〼□城　73EJT37:1576

☒□牡馬齒十歲高六☒　73EJT37:1577

☒……
居延謹案□□□　☒　73EJT37:1578A

☒……☒　73EJT37:1578B

☒以近秩次行大守□☒　73EJT37:1579

☒□近頃□
叩頭再□☒　73EJT37:1580A

☒□願爲今□☒　73EJT37:1580B

河上守候史觻得春舒里不更馮長年廿八　郭迹塞外盡三月　☒　73EJT37:1581

觻得成信里大夫功師聖年十八　長七尺二寸黑色　七月庚子入　七月壬辰出　卩　73EJT37:1582

觻得新成里公乘王利年卌二長七尺二寸黑色牛車一兩
弩一矢五十
十二月戊寅出　73EJT37:1583

居延延掾衛豐年卌
葆居延平明里劉弘年十九
軺車一乘用馬一匹騩牡齒五歲高五尺八寸
十月癸未北嗇夫豐出　73EJT37:1584

觻得豪上里公士賈武年五十五
不入
子男放年十五不入
作者同里公乘朱音年廿八
十月壬子入　73EJT37:1585A

丞印　73EJT37:1585B

大常郡茂陵始樂里公乘史立年廿七　長七尺三寸黑色　軺車一乘駹牡馬一匹齒十五歲弓一矢五十枚
六月乙巳出　73EJT37:1586

河南郡雒陽東雍里公乘萇通年廿一長七尺二寸黑色　牛車一兩以正月出　73EJT37:1587

居延守令史董並
葆居延始至里男子徐嚴
軺車一乘馬一匹
十月壬午北嗇夫豐出　73EJT37:1588

富貴里公乘夏千秋年廿長七尺黑色弩一矢十二　牛車一兩　十二月辛卯出　閏月己未入　73EJT37:1589

⊘……童弟小女貞年九長五尺一寸黑色正則占不□□　占所乘用騩牡馬一匹齒三歲高五尺六寸正則占　73EJT37:1590

肩水金關 H1：1—82

肩水金關　　73EJH1：1

十一月□己卯　庚辰　辛巳　壬午　癸未　甲申　乙酉　丙戌　丁亥　戊子　己丑　庚寅　辛卯　壬辰☒　　73EJH1：2

神爵三年六月己巳朔乙亥司空佐安世敢言之復作大男呂異人故魏郡繁陽明里迺神爵元年十一月庚午坐傷人論會二年二
月甲辰赦令復作縣官一歲三月廿九日·三月辛未
罰作盡神爵三年四月丁亥凡已作一歲一月十八日未備二月十一日以詔書入錢贖罪免爲庶人謹爲偃檢封入居延謁移過所　　73EJH1：3A

之伏居延令地從子平元長伏爲地爲地伏元子　　73EJH1：3B

☒□　辛　辛　庚　庚　庚　己　己　戊　丞相史陳　戊
□　酉　卯　申　寅　申　丑　未　子　卿從居延來　午
　　　初伏　後伏　　73EJH1：4

■右第六十五方三人　多一　　73EJH1：5

發所棄之草中□愚不知匿所在今元知所爲長卿侍□
……拜……　　73EJH1：6A

進主茭校長　　73EJH1：6B

禽寇隧長秦憙　　未得九月……　　十一　　卩　　73EJH1：7

昭武萬昌里夏寬　　牛車一兩　　十月丁巳入　　卩　　73EJH1：8

它人唯子長留〃意〃延壽伏地言　　73EJH1：9

☐　　　孫子卿
☐☐☐　孫子卿　73EJH1：10A
　　　☐☐☐

☐　73EJH1：10B

肩水金關　73EJH1：11

肩水金關　☑　73EJH1：12A

居延卅井候官常寬隧長公乘李廣　☑　73EJH1：12B
·神爵二年功勞案

安行丞事真官到有代罷☑　73EJH1：13

本始五年二月己亥朔戊申尉史幸敢言之
☐偕案賢等年爵如書毋徵事當爲傳謁移過☑　73EJH1：14
二月戊申西華長遺移所縣邑侯國如律

置伏地再拜
子卿足下……幸甚☐☐☐☐☑　73EJH1：15A

子卿　☑　73EJH1：15B

☑☐五腸一脘
☐茭一束☐通　73EJH1：16A

☑　半斗　　出十五韮廉半升
出笥一合　　出十五地膚半升　73EJH1：16B

☑　久守天門人主絕祀各爲其居國野占　73EJH1：17

登山隧卒濟陰郡定陶中莊里儋福　有方一
　　　　　　　　　　　　　　　曲旃緹紺胡各一☑　73EJH1：18

沙頭隧長氏池臨市里馮賢友　▨　73EJH1:19

·右付子明錢萬六千　▨　73EJH1:20

肩水令史觻得樂□里□明　已□▨　73EJH1:21

昭伏地再拜　▨　73EJH1:22A

夫人御者□▨　73EJH1:22B

觻得定安里大夫杜平年十六歲　長七尺二寸黑色▨　73EJH1:23

▨□主五大夫子長者爲王次□▨　73EJH1:24

廣地關都亭長蘇安世妻居延鉼庭里薛存年廿九長▨　73EJH1:25

騂北五石具弩一　▨　73EJH1:26

止北隧長常富　六百　自取　卩　六百自取　士吏賦　马▨　73EJH1:27

▨□耳賊斬髮皆完爲城旦　73EJH1:28

▨有識車者歸錢取車沽酒旁二斗王宣知▨　73EJH1:29

□八人其一人車父　·凡百卅九人　軺車七兩□□□□牛車百一十兩　▨
□百卅一人其十六人輸廣地置　馬七匹　牛百一十二其十五輸廣地還　73EJH1:30

▨　緩急□如□有急□　▨
□聞賓緩急家室　73EJH1:31A

充再拜　▨　73EJH1:31B

□□□部三百　……
出八錢▨
出十□　73EJH1:32A

出十狗肴半升　　出□
出十肉脩廿枚　　出□☑　73EJH1:32B

☑□丘不喜也它　73EJH1:33

☑□其二人三石弩各一稾矢☑　73EJH1:34

……
橫刀　吏☑　73EJH1:35A

八□□☑　73EJH1:35B

☑□　甲寅食時☑　73EJH1:36

奏　□　☑　73EJH1:37

祿福尊賢里公乘趙□☑　73EJH1:38

戍卒上黨郡銅鞮中人里大夫陰春☑　73EJH1:39

☑□少史建德下御史承書從事從今篇封印出下當用者　73EJH1:40

☑　牛車一兩　73EJH1:41

☑　車四兩人七☑　73EJH1:42

報治所敢言☑　73EJH1:43

☑　六月戊寅入　☑　73EJH1:44

戍卒趙國伯人陽春里☑　73EJH1:45

恕謂久氏子何爲如此☑　73EJH1:46

☑六石弩一射二百☑　73EJH1:47

☑錢若即不予建〃今　73EJH1:48

☑□　車一兩☑　73EJH1:49

戍卒上黨郡壺關雒東里大夫王湯　年☐　73EJH1:50

居延獄史徐□☐　73EJH1:51

戍卒上黨郡長子䣛里公士趙安世　☐　73EJH1:52

☐□有白報　73EJH1:53

中部亭長屈始昌年廿三　☐　73EJH1:54

☐神爵二年□☐　73EJH1:55

■右伍長王廷年☐　73EJH1:56

☐寸黑色　☐　73EJH1:57

☐之方也思理自外可以知□☐　73EJH1:58

☐□召湯　牛車一☐　73EJH1:59

湯伏地再拜報　☐　73EJH1:60

☐□如律令　☐　73EJH1:61

☐一矢十二劍一　卩　73EJH1:62

☐前迫逐表火　73EJH1:63A

☐□水　73EJH1:63B

☐□廿五　長六尺二☐　73EJH1:64

☐□奴　☐　73EJH1:65

☐五月食　☐　73EJH1:66

……

第二車☐　73EJH1:67

原武南長里王富
原武南長里張□☐ 73EJH1:68

□□□園里
□伏地再拜……
長孫□□屬見不敢衆辭死☐ 73EJH1:69

戍卒趙國邯鄲□☐ 73EJH1:70

今爲積四百廿三萬〃九千七百卌二萬六千五百七十九□☐ 73EJH1:71

☐親年十五長七尺黑色 六月癸未☐ 73EJH1:72

☐當出內卒〃至□☐ 73EJH1:73A

☐□過幸〃甚〃☐ 73EJH1:73B

出五十米五斗卩 出十□
☐出廿四牛肉卩 ☐ 73EJH1:74
……

長孫廚 ☐ 73EJH1:75

☐ 乾安樂☐ 73EJH1:76

牛車一兩 ☐
□□宜都里李武 載肩 73EJH1:77

☐□鄴捐之願卒厚意□ ☐ 73EJH1:78
□□□□

☐□□ □伏地 ☐ 73EJH1:79A

☐□□□ ☐ 73EJH1:79B

富昌叩頭請　⧄　73EJH1：80A

……

士吏吳卿在☐⧄　73EJH1：80B

⧄☐令史爲君用　⧄　73EJH1：81A

⧄

……

未宿詣亭　⧄　73EJH1：81B

⧄見謹道⧄　73EJH1：82A

⧄其人☐⧄　73EJH1：82B

肩水金關 H2: 1—110

田卒上黨郡涅磨焦里不更李過程年廿五　☒　73EJH2: 1

☒公乘番和宜便里年卅三歲姓吳氏故驪靬苑斗食嗇夫迺神爵二年三月辛☒　73EJH2: 2

☒字買　方箱一乘者白馬一匹　73EJH2: 3

☒□□□所占遣亭長宣□歸書到以安世付宣□方關大守府　73EJH2: 4

三月辛巳溫丞湯謁移過所縣邑侯國如律令掾輔令史☒　73EJH2: 5A

河内溫丞印　☒　73EJH2: 5B

☒□願以令取致籍遣猛衣用唯廷移卅井縣☒　73EJH2: 6

出錢千八百　其六百都君取　給安農隧長李賜之七月八□☒　73EJH2: 7

☒□弩一矢五十　卩　馬一匹　乛　73EJH2: 8

☒□□□　方箱一乘騩牝馬一匹齒十四歲　☒　73EJH2: 9

居延臨仁里小女孫召令年二長三尺黑色☒　73EJH2: 10

・東部甘露二年三月吏卒被☒　73EJH2: 11

☒　張掖大守延年肩水倉長湯兼行丞事謂觻得以爲駕一　73EJH2: 12

☒□左丞孝移居延如律令　掾☒　73EJH2: 13

居延卅井誠南隧長市陽里周仁　年卅六歲　☒　73EJH2: 14

☒□朔壬寅西鄉嗇夫賢敢言之故里公乘☒　73EJH2: 15

觻得成漢里王意年五十　長七尺二寸
黑色　衣皁襲布單布絝
牛一車一兩弩一矢五☒　73EJH2: 16

昭武萬歲里大夫張安世年卌長七尺二寸黑色　軺車一乘□▨　73EJH2:17

元康三年八月戊申南部候長▨　73EJH2:18

守園卒同國縣不審里張到▨　73EJH2:19

十一月入凡二百五十四人馬卌八匹軺車廿九乘牛百七十九車百七十九兩　▨　73EJH2:20

昭武騎士富里孫仁　馬一匹騮駮▨　73EJH2:21

▨日十日所即復來歸捐亦心恐▨　73EJH2:22

……

□□□如律令敢言之二月辛卯……謁移過所□▨　73EJH2:23A

章曰長安左丞印　▨　73EJH2:23B

中部候長赦主隧七所當省卒七　▨　73EJH2:24

▨□□敢言之謹移元康　73EJH2:25

▨縣索金關出入敢言之　73EJH2:26

▨□至神爵二年十▨　73EJH2:27

▨□敢言之候官移檄府檄曰吏□
上功勞名籍一編敢言之　73EJH2:28

肩水金關▨　73EJH2:29

謹移亭廣袤一編　▨　73EJH2:30

▨□長史□肩水倉長常樂兼行丞事下縣承書從□▨　73EJH2:31

▨牛車一兩　十二月壬子入　劍一　▨　73EJH2:32

▨□□□元康三年十二月庚申朔癸未士吏弘付平樂隧長宋勳出入　▨
□未又尉　臨　73EJH2:33

☐過界中嗇夫賢謹案仁毋官獄事當爲傳謁移過☐ 73EJH2:34

五鳳元年五月☐☐☐
名籍一編敢言之 ☐ 73EJH2:35+36

☐☐ 能書會計治官民頗知☐ 73EJH2:37

伏地再拜請
☐☐足下今☐ 73EJH2:38A

……
進宋子 ☐ 73EJH2:38B

騎士定國里勝禹 年卅八 弩 弓 弓 73EJH2:39

河南郡雒楊槐中公乘李譚年廿一歲 ·方相一乘騮駮牡馬一匹齒十五歲 ☐ 73EJH2:40

平陵富長里蘇憲年卅八歲長七尺五寸黑色 方箱車一乘桃華牝馬一匹齒七歲高六尺☐ 73EJH2:41

道人謹案亭隧六所驚糒皆見毋少不足當賓敢言之☐ 73EJH2:42

少翁子賓少君子君孝婦足下良苦過行兵勞賜使者謹道嬴丈人病不偷☐☐☐轢得臧錢用少馬不☐☐ 73EJH2:43A
嬴伏地再拜請

少翁子賓少君子君孝婦足下 石胥少翁
進 寇子賓 ☐
高少君 唐嬴 73EJH2:43B

益之伏地再拜 ☐ 73EJH2:44

會水候史莊齊 元康二年六月甲辰初迹盡元康二年九月晦日積百卌二日
張掖肩水都尉廣德丞勝胡卒史終根以令賜齊勞七十一日 73EJH2:45

今不肯爲封事已函唯大守君依憐道人叩頭死＂罪＂ 73EJH2:46

長倩足下善毋恙甚苦事寒時壽伏願長倩節衣強幸酒食慎出入辟小人察
所臨毋行決〃壽幸甚因道□□□□□□□□□□　73EJH2: 47A

聞毋恙伏地再拜請
長倩足下　□長倩　73EJH2: 47B

置伏地言即幸爲得終急爲傳來不可已
子卿足下善毋恙甚苦事先曰因鮮于長史報以阜布因爲被單衣□▨　73EJH2: 48A
幸爲取布唯惡也被幣衣耳強不可已得幸急□

終又少闌下當有願得七尺耳即可得願子卿幸爲取
願留意依儴拒財不可已事毋急此者王子長言孫長史▨　73EJH2: 48B
置爲子長取之願得其約索屬元毋所得願留

五封都尉章其二詣槖他三詣廣地　一封表是丞印詣居
一封□□□詣居延　七月戊寅日食時□
北書卄四封　三封太守章其二詣居延都尉一居延　二封□　▨　73EJH2: 49
三封大司農□章其一封破詣居延農都尉
一封樂官丞印詣居延

初元五年六月壬寅朔甲子中鄉有秩忠敢告尉史溫東謝里公乘孫禹自言　73EJH2: 50

▨道里公乘宮尚年卅三　軺車一乘用馬二匹　十二月甲午入　73EJH2: 51

五月丁巳廄嗇夫蓋衆行有尉事謹案憙年爵如書敢言之／尉史□五月戊午熒陽守……▨　73EJH2: 52

北單檄三　其一檄詣廣地肩水都尉章閏月壬申日蚤餔官卒□□▨　73EJH2: 53A

昭武……　屋闌承明里韓猛卩　▨　73EJH2: 53B
……

元康二年六月戊戌朔辛亥佐昌敢言之遣佐常爲郡將轉輸居延與葆同縣安國里徐奴年十五歲俱乘家所占畜馬一匹軺
一乘謹案奴毋官獄徵事當得取傳謁移過所縣邑……　73EJH2: 54A

七月辛巳佐常以來　居令延印　73EJH2: 54B

☐水金關　王同以來　73EJH2: 55

☐言之伏地再拜請長道令史得〃再拜謁□□
人再拜請長三老足下番伏地□年☐　73EJH2: 56A

☐符卒史言候言伏地再拜請長伏地再拜請長伏☐
……候長……　73EJH2: 56B

肩水金關　亥王齋以來☐　73EJH2: 57
居延丞印
□官　孫□

☐　四百六十五人三百少百六十五當責趙贛定少☐　73EJH2: 58

北部隧七所　省卒五人詣金☐　73EJH2: 59

☐……里大夫□賢年廿四……
□邑毋苛留止敢言之　73EJH2: 60

☐……長七尺三□　車一兩☐　73EJH2: 61

☐□□里朱福年廿□　大車一☐　73EJH2: 62

·右第百一十方三人☐　73EJH2: 63

觻得常富里不更魯國年廿六　牛☐　73EJH2: 64

☐□定□捐迺甘露☐　73EJH2: 65

彊漢隧長趙彊輔☐　73EJH2: 66

祿福定國里牛強漢☐　73EJH2: 67

☒　□卌八人　軺車
□千廿三人　凡千八十人　馬十☒　73EJH2:68

☒□告中部亭隧☒　73EJH2:69

☒□觻得武安里公乘呂嬰齊年廿六長☒　73EJH2:70

☒□即日可俱去來☒　73EJH2:71

元康二年五月丁□☒　73EJH2:72

☒　一完
完　73EJH2:73

☒言之　☒　73EJH2:74

☒　虞少卿書幸致　73EJH2:75

☒廣德來之都倉　73EJH2:76

☒□騎司馬海承書從事下☒　73EJH2:77

☒　書罷歸軍餘出衛士及
□謁移過所縣次續食給　73EJH2:78

☒□一編敢言之　☒　73EJH2:79

☒
……
□予願子文爲報卒□☒　73EJH2:80

田卒上黨郡高都水東里不更廿□☒　73EJH2:81

☒名籍一名敢言之☒　73EJH2:82

☒□仁自言爲家私使　73EJH2:83

☒□縣官事寒時不和謹衣強☒　73EJH2:84

☐九月奉自取☐　73EJH2:85

☐記到各遣　73EJH2:86

☐　二人　六年部候長候　☐
　凡六部會　73EJH2:87A

□□□史二人
☐□長六人卒十五人　☐　73EJH2:87B
西部候長候史二人

☐騂北亭長牛慶　73EJH2:88

☐令史大原郡大陵□☐　73EJH2:89

☐□隧長贏□☐　73EJH2:90

☐卅歲姓殷☐　73EJH2:91

☐　九月丙申入　73EJH2:92

□索□☐　73EJH2:93

戍卒梁國菑板里董□☐　73EJH2:94

九月癸酉將屯張掖大守　☐
□／屬富昌給事佐□　73EJH2:95

☐　□千二　二月己酉☐
□五十　73EJH2:96

☐□年六歲　73EJH2:97

☐　弦二
長弦一　☐　73EJH2:98

☐史利敢☐　73EJH2:99

☒矢五十☒　　73EJH2:100

☒不舉曰□☒　　73EJH2:101

☒即應☒　　73EJH2:102

□卒淮陽郡苦高陵里☒　　73EJH2:103

進　□☒　　73EJH2:104

☒觻得印　　73EJH2:105A

☒□□　　73EJH2:105B

☒□隧長王延壽等行□☒　　73EJH2:106A

☒□長□□□☒　　73EJH2:106B

☒足下善毋恙良苦事☒　　73EJH2:107A

☒□長信□□　☒　　73EJH2:107B

☒……☒　　73EJH2:108

符爲家私市居延□☒　　73EJH2:109
……

弩一矢卅□　……☒　　73EJH2:110
……

肩水金關 F1:1—126

丞相方進御史臣光昧死言
明詔哀閔元〃臣方進御史臣光往秋郡被霜冬無大雪不利宿麥恐民□☑　73EJF1:1

調有餘給不足不民所疾苦也可以便安百姓者問計長吏守丞條封
臣光奉職無狀頓〃首〃死〃罪〃臣方進臣光前對問上計弘農大守丞□☑　73EJF1:2

☑　今堪對曰富民多畜田出貸□
……☑　73EJF1:3

郡國九穀最少可豫稍爲調給立輔預言民所疾苦可以便宜
弘農大守丞立山陽行大守事湖陵□□上谷行大守事☑　73EJF1:4

來去城郭流亡離本逐末浮食者浸□……
與縣官並稅以成家致富開並兼之路陽朔年間☑　73EJF1:5

治民之道宜務興本廣農桑□□□
來出貸或取以賈販愚者苟得逐利□☑　73EJF1:6

言預可許臣請除貸錢它物律詔書到縣道官得假貸錢□□
縣官還息與貸者它不可許它別奏臣方進臣光愚戇頓〃首〃死〃罪〃☑　73EJF1:7

制　可　☑　73EJF1:8

永始三年七月戊申朔戊辰御☑
下當用者　73EJF1:9

八月戊戌丞相方進重令長安男子李參索輔等自言占租貸
又聞三輔豪黠吏民復出貸受重質不止疑郡國亦然書到☑　73EJF1:10

賞得自責毋息毋令民辦鬬相殘賊務禁絕息貸☑　73EJF1:11
令

七月庚午丞相方進下小府衛將〃軍〃二〃千〃石〃部刺史郡大守諸侯……☑　73EJF1:12
下當用者書到言

十月己亥張掖大守譚守部司馬宗行長史……☑　73EJF1:13
書從事下當用者明扁鄉亭顯處令吏民皆知之如詔書

十一月己酉張掖肩水都尉譚丞平下官下當用者如☑　73EJF1:14

十一月辛亥肩水候憲下行尉事謂關嗇夫吏承書從事明扁亭隧關☑　73EJF1:15
處如詔書　士吏猛

☑□作宜可益倍其□□□
☑……長假貧民物□□☑　73EJF1:16

☑□□善親平滿家即持糒一斗☑　73EJF1:17

☑關嗇夫吏　73EJF1:18

·居延部舉薰燔積薪廣地北界隧受和地薰苣火毋☑　73EJF1:19

候掾所魚主☑　73EJF1:20A

三願詣在所□☑　73EJF1:20B

三石具弩一今力三石七斤傷兩淵□
□□□六石具弩一今力四石五十六□☑　73EJF1:21A＋24A

□□隧長蓋衆五石弩一傷☑　73EJF1:21B＋24B

☑□十頭馮君長
□十頭候掾☑　73EJF1:22

五石具弩☑　73EJF1:23A

士吏　☑　73EJF1:23B

建武三年五月丙戌朔壬子都鄉嗇夫宮敢言之金城里任安
自言與肩水候長蘇長俱之官謹案安縣里年姓所葆持如牒　73EJF1:25
毋官獄徵事得以令取傳謁移過所毋苛留如律令敢言之

大車二兩牛四頭釜一
☑□□里韓成年廿　萬歲里馮竟年卅　作者肩水里李立卅五　73EJF1:26
載魚五千頭　弩二箭二發

張蓋衆　詣府受奉須定賦籍前記召金關隧長
☑張蓋衆　俱謁賦奉記到趣遣須以俱遣殷華　☑　（簡左側有一刻齒）　73EJF1:27A
謁告　候遣吏齎吏受奉券至今不到解何

☑官　會癸酉夕毋留急""　☑　73EJF1:27B

關嗇夫河上候史（習字）　73EJF1:29

表是宰之印　作者樂得廣昌里張錢年三十
錯田表是常安善居里李欽年三十　大車一兩　73EJF1:30＋28
用牛二頭　十二月庚子入

元鳳二年二月癸卯居延與金關爲出入六寸符券齒百從第一至千左居官右
（右齒，「居官」二字中間有穿孔）　73EJF1:31
移金關符合以從事　齒八百九十三

☑□□一石八斗以食萃彭候丞青北出三人十一月□□盡壬子十日積☑　73EJF1:32

表實北界卻虜隧監滿隧　私舉□☑　73EJF1:33

☑史尉史尉史馬承駟馳　73EJF1:34

八日甲寅食已發田　宿廉□☑　73EJF1:35

錯田祿福敦煌案平里韓定年卌五　馬一匹　☑　73EJF1:36

肩水候長蘇長□☒　73EJF1:37

☒者未蒙教叩頭再拜　73EJF1:38A

☒逐相□□得毋有它　73EJF1:38B

河南郡河南東甘里張忠　☒　73EJF1:39

☒□□年卅　73EJF1:40

☒　十二月丁卯北出　73EJF1:41

☒□格言廷　73EJF1:42A

☒千三百賦卒張　73EJF1:42B

☒
□常幸自言弟爲廣地今
出入符〃齒第……　73EJF1:43

☒□邑西冢地有樹廿餘枚□☒　73EJF1:44+47

長安大昌里陳歆□在下方　市西第二里南入□
□□□□　☒　73EJF1:45A+54A

子淵坐前□兄不前見□□☒　73EJF1:45B+54B

幸惜叩頭
趙少伯坐☒　73EJF1:46A

前未及
所遣牒來☒　73EJF1:46B

☒□八月戊辰朔甲戌□☒　73EJF1:48

☒南　界望澤隧萬世隧舉亭　上一表□☒　73EJF1:49

☒　調注　73EJF1:50

☒□舍中君歆 73EJF1：51A

☒也今旦成 73EJF1：51B

二十三日 甲☒ 73EJF1：52

二十九日 卯□☒ 73EJF1：53

椄闓三（三字在墨框內） 73EJF1：55

☒廣地候長孫黨☒（削衣） 73EJF1：56

☒□二年六月辛亥丞相 大將軍☒（削衣）
□□ □ 73EJF1：57

☒尉欽以私印（削衣） 73EJF1：58

☒□從巨卿☒（削衣） 73EJF1：59

☒□今宋少□☒（削衣） 73EJF1：60

□數□
諸人往來巨卿
☒
□報□如何道小通☒（削衣） 73EJF1：61

……

☒□介中□☒（削衣） 73EJF1：62

☒肩水彊□☒（削衣） 73EJF1：63

居延都尉從史范宏葆（削衣） ☒ 73EJF1：64

☒
功曹李君□
庫宰萬□ ☒（削衣） 73EJF1：65＋68

⧄☐得詣☐☐☐☐☐平☐⧄（削衣）　73EJF1:66

☐☐☐今千葆⧄（削衣）　73EJF1:67

⧄　將軍☐
☐☐☐　⧄（削衣）　73EJF1:69

平樂隧長武白馬月十五日持之都倉糴未還請還持詣治所　73EJF1:70

驩喜隧省卒　當茭七百束〃大三韋　⧄　73EJF1:71

假佐宣萬年　乘軺車一乘
馬一匹　以八月己未北亭長彭出　73EJF1:72

宣威鄉佐范章　軺車一乘
用馬一匹　八月庚子北守亭長豐出　73EJF1:73

地節四年五月庚辰朔辛巳肩水候房以私印行事謂候長充宗官當空道過往來乘傳客及斥☐
甚劇毋以給書到充宗各以閒時省卒及美草盛時茭各如牒務得美草毋假時畢已移☐☐　⧄　73EJF1:74
行茭須以給往來乘傳馬及斥候騎馬食毋忽如律令

☐陽宣甯卿寄不審里名姓字長孫舍居二月餘更徙
⧄☐母少君疾死孺卿與勝客及兄賓復之長孫舍　73EJF1:75
男子不審名字子孟居一月子孟父字功與

年卌三自言爲家私使之
⧄謁移過所河津關出入毋　73EJF1:76
掾定令史武

三月三日具記博多問子梁☐☐　恐力☐☐
主候望蓬火事也臨部毋忽記到亡　府令☐☐　73EJF1:77A+78A
☐☐☐☐☐易行召辛子孝可傳告令以馬遣子孝

□□□……往受候□長□□□□之
者□□……　73EJF1：77B＋78B

五月甲午東部候長充宗謂驢喜隧長廣漢寫移書到
□省卒茭它如候官書律令　73EJF1：79

四日　氐池尉　安邑里□□
肩水金關　徒成　□二月　73EJF1：80

肩水金關　73EJF1：81

☑
守丞放移居延如律令　／掾晏令史就　73EJF1：82

其七十二石五斗六升大食省卒卌五人八月十三□十九日積□
☑升大　八十一石……食省卒廿一人八月十三日九月十九日十月□日積六十二日食　六石五☑　73EJF1：83A
……升稾省卒廿七人八月十五日九月廿九日積卌四日食

☑穀券　☑　73EJF1：83B

☑□昌自言願以令取傳爲家私使之酒泉右平郡☑　73EJF1：84A
……

☑尺齒五歲斛斛　☑　73EJF1：84B

元始元年四月戊子朔辛卯新鄭守左　☑（削衣）　73EJF1：85
……

☑得之之　毋毋毋毋☑（削衣）　73EJF1：86

☑□汙辱君欲數往　73EJF1：87
……

☑大車二兩　六月廿二日南入　一姓耿子俠　73EJF1：88
用牛六頭

望金關隧
…… 73EJF1:89

☒令入關之從皇☒ 73EJF1:90A

☒ □□□
與王卿 ☒ 73EJF1:90B

☒十一月乙巳奉明守長 守☒ 73EJF1:91A + 93B

奉明丞印
八月廿日南☒ 73EJF1:91B + 93A

觻得常樂里公□☒ 73EJF1:92

☒□ 八十 73EJF1:94

☒□年廿六 ☒ 73EJF1:95

☒ ·右縣官所給 □□二兩
皁布單衣一領 ·右卒私裝 73EJF1:96

□始元年□□
亭毋苛留當舍 ☒（削衣） 73EJF1:97

□年廿二歲
男丹年七歲子 ☒（削衣） 73EJF1:98

☒五歲毋官獄徵（削衣） 73EJF1:99

☒□年☒（削衣） 73EJF1:100

元始元年正月己
與從 ☒（削衣） 73EJF1:101

☐……謁遷補
☐☐毋官獄徵（削衣） 73EJF1:102

☐津關毋苛留止☐（削衣） 73EJF1:103

□褒自言爲家私使之居延
☐□居延縣索關出入毋□ ☐（削衣） 73EJF1:104
……

☐
妻大女令年廿二 ☐（削衣） 73EJF1:105
□男年七歲

☐守令史□☐（削衣） 73EJF1:106

☐□長尊□□張掖居延☐（削衣） 73EJF1:107

七月十日北出☐（削衣） 73EJF1:108

☐□□如律令☐（削衣） 73EJF1:109

……酉廣明鄉嗇☐
☐
屬客田居延第五亭部願以令
非亡人命者當得取偃檢□□ ☐（削衣） 73EJF1:110
□子奉明長

☐史恭佐□☐（削衣） 73EJF1:111

☐卿孝君毋恙祿☐ ☐累舉 □籍☐（削衣） 73EJF1:112

☐年☐（削衣） 73EJF1:113

☐年七月□☐（削衣） 73EJF1:114

☐八日南入 丑☐（削衣） 73EJF1:115

☒北亭長□出（削衣）　73EJF1：116

☒ 尉史□敢言之魏右尉左馮翊湖邑簿左里公乘李順自言調爲郡送五年
　□里大夫刑疾去小奴全偕謹案順等毋官獄徵事　73EJF1：117

　年五十一閏月庚午兼亭長周近内
☒□之敬老里男子成錢自言爲家私市居延　73EJF1：118A

　……金關

☒□□□隧　73EJF1：118B

☒……□史少孺　73EJF1：119

☒伐　卩（竹簡）　73EJF1：120

定□　☒　73EJF1：121

戍卒上黨郡壺關上瓦里☒（竹簡）　73EJF1：122

累山里石宣年廿　☒　73EJF1：123

☒牛車一兩　有方☒　73EJF1：124

☒凡穀十八石☒　73EJF1：125

☒　王長□☒（削衣）　73EJF1：126

圖書在版編目(CIP)數據

肩水金關漢簡(肆)/
甘肅簡牘博物館等編.
上海：中西書局，2015.11
ISBN 978-7-5475-0809-1
Ⅰ. ①肩… Ⅱ. ①甘… Ⅲ. ①居延漢簡
Ⅳ. ①K877.5

中國版本圖書館CIP數據核字(2015)第051624號

肩水金關漢簡(肆)

甘肅簡牘博物館
甘肅省文物考古研究所
甘肅省博物館
中國文化遺產研究院古文獻研究室
中國社會科學院簡帛研究中心
編

總策劃 張曉敏
責任編輯 秦志華 田穎
裝幀設計 王軼頎 梁業禮
出版發行 中西書局 (www.zxpress.com.cn)
地址 上海市打浦路四四三號榮科大廈十七樓（郵編：二〇〇〇二三）
經銷 各地新華書店
印刷 上海界龍藝術印刷有限公司
開本 七八七×一〇九二毫米 八開
印張 九十四·五
版次 二〇一五年十一月第一版 二〇一五年十一月第一次印刷
書號 ISBN 978-7-5475-0809-1/K·162
定價 一二〇〇元